레오나르도 다빈치의 방랑

레오나르도 다 빈치의 방랑

앙드레 드 헤베시 지음 • 정진국 옮김

글항아리

레오나르도 다 빈치는 여러 군주를 위해 일했다. 그러나 그는 오직 지식만을 진정으로 섬겼다. 연필은 그가 자연과 인간과 세계를 이해하는 데 가장 소중한 도구였다. 옷주름 습작은 그가 어려서부터 도마뱀, 메뚜기, 개구리 등 가리지 않고 기이한 짐승과 곤충을 즐겨 묘사하면서 찾고 익히던 솜씨를 한 자리에서 드러내는 소재로 보인다.

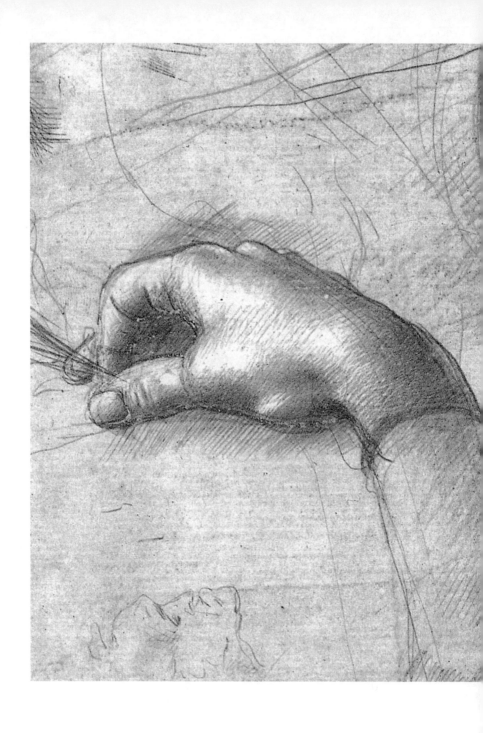

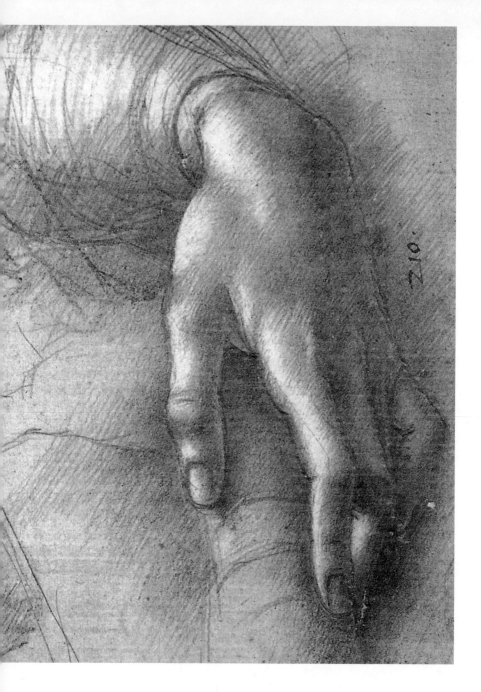

손은 우리의 정신과 영혼을 읽게 하는 가장 커다란 기호와 같다. 장인정신은 손놀림으로써 표현될 뿐이다.
모든 화가들이 열렬하게 숭배하던 이 인체 부위를 레오나르도가 외면할 리 없었다. 디자인이란 원래
이탈리아어로 "손으로 그려 초안을 잡는다"라는 뜻이었다.

바티칸 피나코테카(회화예술관) 입구를 지키고 있는 성 히에로니무스는 성경을 당시의 현대어로 번역한
인물이다. 하나의 언어를 다른 언어로 옮기는 일은 모든 지식인과 예술가에게 고유한 일이다. 무지를 경멸했
으면서도 라틴어를 하지 못해 고민했던 레오나르도에게 돌덩어리로 가슴을 치며 일했다는 이 성자야말로
자신을 투영하는 훌륭한 본보기였을지 모른다.

「동방박사의 경배」

「수태고지」는 중세적 신비를 현실의 정원으로 끌어들인다. 놀라 당황하지 않고 하늘의 전언을 듣는 당당한 동정녀가 인상적이다. 또 건축물로써 중경을 대담하게 단절시켜 원근의 효과를 높인 점도 선구적이었다.

「성 안나」에서는 레오나르도적인 대기원근법의 시원한 공간을 느낄 수 있다. 색채와 음영의 순수한 효과에 의존한 이런 수법은 이제부터 회화가 성서를 도해하는 차원을 벗어나 그 자체의 조형세계로 진입한다는 신호였다. 먼 산의 푸르름은 그대로 먼 훗날의 세잔까지 잇게 될 위대한 전통을 세우려는 듯하다.

「암굴의 성모」가 보여준 깊이와 우아는 라파엘로가 계승하고 발전시키게 되는 미학을 함축한다. 자연의 웅자와 인간의 신화는 확고한 건축적 합리성 속에 통합된다.

레오나르도는 「조콘다 부인」의 초상을 평생 갖고 다니며 소중히 간직했다. 그녀의 미소와 눈길은 화가와 서로 주고받았던 것이란 점이 강조된다. 우리는 거장이 즐겼을 그 황홀한 교류를 짐작만 할 수 있을 뿐이다. 약간 측면으로 튼 그녀의 상체의 그윽함이야말로 더욱 주목할 수법이다.

「소녀 두상」

「세례 받는 그리스도」는 아직 이상적으로 가다듬지 않은 거친 사실주의 수법이 인상적이다.

「고대 전사」

「드레퓌스의 성모」

에르미타주 미술관의 성모자상은 상징적 소품이나 자질구레한 장식물을 배제하고서 아기와 성모의 인체만
으로 화면을 가득 채웠다. 매우 혁신적인 이런 해석에도, 대칭을 이룬 창밖으로 내다보이는 구름에서 고딕
미술의 추억이 덧없이 어른거린다.

「브누아의 성모」

「카네이션을 든 성모」

「음악가의 초상」에서도 레오나르도는 준수한 인물에 대한 관심과 더불어 예술가에 대한 존경심을 표한다. 자신의 내면을 응시하는 이 음악가의 초상은 우리의 삶이 남에게 보여주기 위한 것이 아닐 때 더욱 아름다워진다는 사실을 말하려는 듯하다.

「지네브라의 초상」

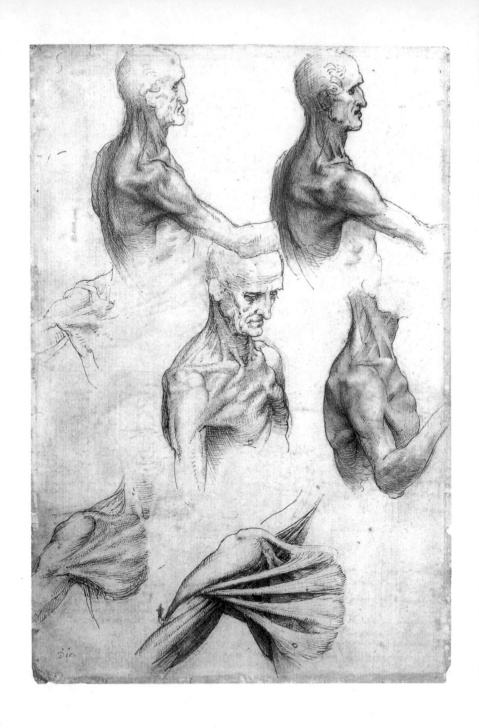

「남성의 목과 어깨」

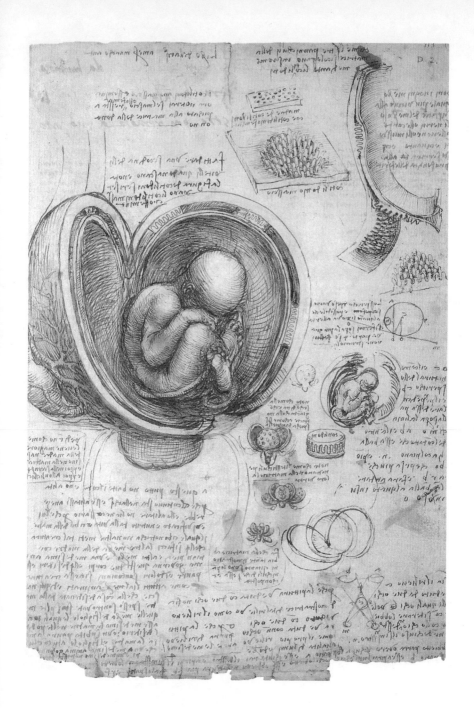

「자궁 속의 태아」

「머리장식을 두른 여인」과 「흰담비를 안은 부인」은 1485년과 1495년 사이 언제쯤 거장이 밀라노에
체류하던 당시 그렸을 것이다. 모델의 정체는 여전히 불확실하지만 흰담비를 안은 부인상은 밀라노 군주
스포르차의 애인 체칠리아로 보는 편이다. 아무튼 거장은 당시 유행하던 머리장식과 복장을
재현하면서도 두 여인의 인상과 분위기에서 자신의 취향에 걸맞은 모델을 그렸음을 엿볼 수 있다.

「다섯 명의 그로테스크한 인물 두상」

「최후의 만찬을 위한 습작(성 야고보)과 건축물 스케치」

「최후의 만찬」은 수도사들의 식당 벽을 장식하기 위한 그림이었다. 여러 차례 수리를 거친 이 벽화는
다른 높이의 여러 관점을 취해 그렸다는 점에서 화제가 되었다. 레오나르도는 전체적으로 극적이며 비장한
효과를 내기 위해 인물은 밑에서 올려다본 각도로, 식탁은 위에서 내려다본 각도로 그리는 방법을 택했다.

「이사벨라 데스테」는 환갑의 나이에도 젊은 처녀의 모습으로 추악하게 미화한 초상을 남기도록
화가들을 채근한 극성맞은 성격이었다. 티치아노 같은 거장은 줏대 없이 그런 주문에 응했다.
그녀는 레오나르도에게 갖은 수법으로 초상을 그려 받으려 했지만, 결국 실패했다.

책머리에

레오나르도 다 빈치
어둡고 깊은 거울
- 보들레르

밀라노, 스포르차 성에서 옛 재무관의 큰 방에 레오나르도와 관련된 서재가 들어섰다. 상원의원 벨트라미가 열심히 경건하게 수집한 것으로 삼천 권가량 된다.

그렇게 많은 까다로운 사람들이 이 보기 드문 천재에게 끌렸다고 해도 전혀 놀랍지 않다. 어쨌든 비밀을 풀자면 이 스핑크스 앞에 서 있기만 해서는 곤란하다. 악착스레 그것을 풀어보려고 서고의 책 속에 파묻히거나 그림들이 걸린 미술관들을 돌아다니는 사람에게도 그것은 풀리지 않았고 또 앞으로도 풀리지 않을 것이다. 그의 예술에 대한 정교한 논문과 텍스트 분석과 형이상학적 사색은 이 고귀한 인물 앞에서 바위에 떨어지는 빗방울처럼 굴러 떨어질 뿐이다.

레오나르도를 이해하자면 우선 겸손해야 하고 옛날 여행자들이 하던 식으로 그 길을 따라가야 한다. 등에 바랑을 지고 마음을 가볍게 홀가분하게 하고서 그의 조국을 순례하는 발걸음을 내딛어야 한다. 미동도 하지 않는 올리브나무와 개화한 사람들과 농촌의 소박함과 따뜻한 인정과 검객과 양피지 수사본에 파묻힌 사상가의 나라를…. 레오나르도를 꿰뚫어보자면, 이탈리아라는 프리즘을 통해 그를 들여다보는 편이 좋다. 그토록 여러 세기 동안 이 세상 사람들의 마음을 사로잡은 고상하고 아름다운 땅 말이다.

차례

일러두기

· 지명과 인명, 성당 이름은 각 지역 고유어의 표기를 따랐으나, 성경에 등장하는 인물이나 교황 등은 일반적인 관례를 따랐다.

· 작품 제목은 「」, 책 제목과 잡지 등은 『』로 표기했다.

· 본문 내용 중 ●로 표시한 것은 역주로 본문 아래에 수록했으며, 원주는 책 뒤에 실었다. 또한 본문 중에 ( )는 원저작자의 설명이며, [ ]는 역자가 보충하여 설명한 것이다.

· 이 책에 수록된 작품 가운데 작가 이름을 명기하지 않은 경우 다 빈치 본인의 작품임을 밝혀 둔다.

1장
피렌체

『코덱스 아틀란티쿠스』 중에서

1452년이었다. 교황 니콜라우스 5세는 자신의 『키케로』를 황금자물쇠 곁에 내려놓은 채 눈썹 하나 까딱하지 않고서 아네아스 실비우스 피콜로미니 추기경의 이야기를 듣고 있었다. 추기경은 콘스탄티노플을 구하려면 십자군 원정이 필요하다고 역설했다. 술탄 마호메 2세는 이 비잔티움 옛 수도의 성벽을 무너뜨리려는 포대를 사열했다. 자신감을 잃었던 프랑스에 생기를 되찾아준 국왕 루이 11세는 전전긍긍하며 회춘을 약속할 묘약인 거북이 살을 구하러 바이에른 지방의 베르트 섬으로 원정을 보냈던 범선의 귀환을 기다렸다.

이 막강한 군주들이 이 세상의 운명을 상당히 좌우하고 있었을 무렵에 빈치 지방의 포도나무는 오직 태양만을 군주로 섬기고 있었다. 태양이야말로 포도알을 무르익게 하고 그 잎사귀를 금빛으로 물들이며 또 그 경작자가 그루터기 위로 고개 숙여 수확하도록 하기 때문이다. 이 근엄한 주인이 하늘 저 멀리로 물러나기가 무섭게 난잡한 별들이 자리 잡곤 한다. 별들은 뒤얽힌 그림자들이 잠시 한여름 밤의 열기를 주춤하게 하는 동안 부드럽게 반짝인다. 아마 이 너그러운 보초들이 바로 그 마을의 가장 아름다운 아가씨가 포도밭 속으로 숨어들기에 딱 알맞은 캄캄한 순간을 즉흥적으로 빚어내는 커다란 구름이 몰려든다는 신호였으리라. 그녀는 카테리나, 공증인 피에로의 귀여운 애인이었다. 그녀는 노래처럼 "엄마 젖보다 더 뽀얗고 용의 피보다 더 붉다"고 상상하는 편이 좋겠다. 그녀는 곧 포동포동한 아기를 낳게 된다. 그가 사랑하는 사내는 그녀를 피에로 델라 바카라는 농부와 서둘러 혼인시켰다. 아기는 레오나르도라는 이름으로 피에로의 집에서 자랐다.

피에로는 항상 땅에 붙어살았던 피렌체의 부르주아 출신이었다. 토스카나의 농촌에서 사랑은 원초적 모습 그대로였다. 피에로의 아내는 피렌체 출신 알비에라 아마도리였는데 아기를 낳지 못했다. 어린 레오나르도는 그렇게 이 계모의 손에 맡겨졌다.

빈치 마을은 지난 수 세기 동안 그 농촌의 매력을 변함없이 지켜왔다. 짙고 무성한 초록의 숲으로 덮인 산들이 멀리 둘러서 있다. 산기슭에는 종탑들이 선명하고 삼나무에 둘러싸인 산장들이 있다. 작은 포도밭 언덕 아래 자리 잡은 마을은 토스카나 어디서나 볼 수 있는 것이다. 견고한 정방형 탑이 성당을 지켜준다. 그 주변의 벽돌로 지은 작은 집들과 축대의 포도나무와 정성껏 일군 밭, 바로 여기에 쌓인 기름진 흙이 경작자의 눈을 즐겁게 해준다. 이따금 날카로운 자동차 경적만 아니라면, 우리는 오늘날에도 여전히 15세기에 와 있다고 믿게 된다.

"파로코"라는 신부님은 정다운 미소로 순례객을 반기면서 완전히 다시 지은 성당을 자랑스럽게 보여준다. 이 존경받는 성부는 레오나르도가 녹색 덧창을 화려하게 두른, 이 고장을 지배하는 저택에서 태어났다고 장담한다.

마을 면사무소 앞에는 우리 할머니 시대의 대리석상인 수염이 덥수룩한 레오나르도의 입상이 우리를 내려다본다. 그는 마치 자신의 발치에서 뛰어노는 마을 개구쟁이들에게 윙크를 하면서 이렇게 말하는 듯하다.

"닳고 닳은 길목에 녹색 덧창이 닫힌 장원에서 나를 찾지 말거라, 평민 아이들 사이로 붉은 기와를 올린 오두막에서 찾거라."

한편 지적부는 빈치 가의 정확한 위치를 가르쳐준다. 그것은 피에로 디 파네차 신부가 일하던 본당과 주스토 디 피에트로 주물장의 용접소 사이에 있었다. 이 집에서 일가족이 살아왔다. 안토니오와 모나 루치아, 그들의 자식인 프란체스코와 피에로, 피에로의 아내 알비에라, 그리고 어린 사생아 레오나르도가 살았다.

안토니오는 얼마나 흥미로운 사람인가! 한 세기 넘게 그의 조상은 공증인이었고 또 공증인 딸과 결혼했다. 안토니오도 마찬가지였다. 그런데 어느 날 아침, 그는 이 조상 대대로 내려오던 직업을 집어던지고 빈치에서 농사를 짓기 시작했다. 무슨 계기로 그랬을까? 건강을 염려해서일까? 금전 문제 때문일까? 그의 사정은 항상 보잘것없었다. 그 밭에서 나는 것이라고 해보았자 기름 몇 통과 밀 약간, 17바릴의 포도주가 전부였다. 그의 아들 피에로가 서기의 펜을 쥐고서 공증인의 길로 다시 들어섰다는 것은 다행이었다. 1451년까지 그는 피렌체와 피사를 오가며 살았다. 그곳에서 그는 가정도 이루었다. 레오나르도는 피에로가 빈치로 귀향한 바로 그해에 태어났다.

집은 정원에 둘러싸여 있었다. 포도밭 허리쯤에 무성한 올리브나무들로 포도잎이 얽혀 있었다. 이마에 붉은 양모 술을 내려뜨리고 희고 큰 황소들이 아르노 강의 계곡으로 이어지는 흙먼지투성이 길에서 수레를 끌었다. 강물은 조약돌과 모래로 덮인 넓은 하상 위로 느긋하게 흐르고 있었다. 멀리로는 몬테루포와 엠폴리의 총안이 돋은 벽들이 눈에 띤다. 한 나절만 착실히 걸으면 피렌체에 당도할 것이다.

지평선을 막아선 산마루 한쪽은 피스토이아, 다른 한쪽으로는 피사로 사라진다. 알바노 산정에 오르면 엷은 안개에 덮여 이 부드러운 잿빛에 갇혀, 토스카나 지방의 이 산에서 저 산으로 이어지는 조화로운 기복과 계곡을 적시며 흐르는 은빛 물줄기가 보인다.

계절이 그 절기에 따라 영원히 돌고 도는 동안 이런 곳의 모습도 바뀌고 있었다. 겨울은 세상에 온통 흰 눈을 뿌리지만 거친 바위 끝만은 건드리지 못한 채 그대로 내버려둔다. 성 레오나르도가 잠든 먼 고장에서는 순백의 눈이 한겨울 내내 그대로라는 것을 어린이는 알고 있었다. 알베이라도 "교구 사제" 피에로 디 파네차도 속죄하는 포로들을 구하려고 프랑스 왕궁을 떠난 이 수호성자에 관한 약간의 이야기를 들었을 것이다. 죄수가 레오나르도의 이름을 부르자 그 족쇄가 풀려 자신을 묶었던 쇠고랑을 그 성자에게 바칠 수 있었다.

이곳에서 어린 레오나르도는 하녀로부터 가르침을 받았다. 단 하나뿐인 하녀는 연봉으로 8플로린을 받았다. 그녀는 사람들이 탁발승이나 여행자, 혹은 길을 가던 병사에게로 몰려갈 때면 아이의 손을 꼭 붙들곤 했다. 민중이 새로운 글을 쓸 줄 모르던 그 시대에 새 소식이란 입에서 입으로 전해졌고, 그렇게 전해진 사건은 민중적 상상력으로 활짝 피어나곤 했다. 그렇지만 콘스탄티노플 함락이나 이탈리아 반도에 스물다섯 해 동안 평화를 보장하게 될 경쟁국과의 화약和約 소식보다는 나뭇가지에 앉은 까치 한 마리가 어린이의 관심을 더 끌었을 듯하다.

이 꼬마에게, 밀랍 앞치마를 두르고 붉은 빵모자를 쓴 이상한 차림의 대장장이 주스토 디 피에트로가 그 시대에 가장 힘센 사람처럼 보였으리라. 그는 망치로 불꽃을 터트리지 않았던가? 그는 손으로 가볍게, 일을 하거나 여행이나 전투에서 사용하는 사나운 파발마의 무거운 말발굽을 들어올리지 않았던가? 바로 이 이웃 대장간에서 아이는 평생 식을 줄 모르는 말에 대한 취미를 키웠다고 생각해야 한다.

대장간이 내놓는 구경거리 외에도 빈치의 이 젖먹이의 눈에는 놀라운 주제가 또 있었다. 바로 땅속에 사는 괴물들이다.

마을 주변의 쟁기와 곡괭이에 걸려, 때때로 까마득한 옛날의 대홍수 때 파묻힌 기이한 형태로 하얗게 석화된 뼛조각들이 튀어나왔다. 코끼리, 고래, 맘모스 또는 이름도 알 수 없는 거대한 짐승들의 해골이었다. 이런 무시무시한 것은 레오나르디노[어린 레오나르도를 부르는 애칭]의 상상력을 튀어오르게 했다. 마을을 유유히 적시는 강물과 더불어 묵시록적인 짐승들과 다시 빛을 찾은 보물로 채워진 지상의 창자가 열리는 것을 보았다. 어린 시절의 이런 맨 처음의 인상 덕분에 그는 비밀을 찾는 탐험가가 되지 않았을까?

빈치 가의 보물은 포도와 올리브였다. 올리브 수확은 레오나르디노에게 얼마나 즐거운 축제였을까! 그는 집안 여인들 뒤로 과수원으로 바구니를 들고 깡충깡충 뛰어다니며, 가을바람에 떨어진 열매들을 주우려고 몸을 숙이거나 소중한 가지를 다치지 않게 하며 올리브를 따려고 까치발을 디디곤 했다. 그는 깊은 돌항아리를 채울 올리브기름을 짜는 저녁을 초조하게 기다리곤 했다. 기름통에 첫 번째 방울들이 떨어지면 아이들은 손에 검은 빵조각을 들고 달려들었다. 이런 큰 잔치를 치른 다음은 이야기를 듣는 시간이다. 희미한 벽난로 불빛 옆에서, 레오나르디노는 눈을 거의 감다시피 하고서 요정과 악마와 괴물과 거인을 차례로 불러들였다.

카타리나의 아들은 수천의 올리브 싹과 수천의 토스카나 어린이처럼 자랐다. 바람과 햇빛 속에서 그는 성경을 알게 되었고 또 노래로 익히는 역사인 "칸탐방코"를 들으면서 모든 것을 배웠다. 그리스도의 일생, 로마의 이리*, 트로이 전쟁, 알렉산더 대왕의 무용담을….

이 시골 꼬마는 장차 세르 레오나르도[레오나르도 나리]가 될 수도 있었다. 아버지와 마찬가지로 포도원 주인이자 공증인으로서 포도나무 그루터기를 자르고, 조각된 나무궤짝 속에 금을 모으고, 감미롭고 어두운 인생이 끝난 뒤에는 무덤 속에 두 손을 가지런히 모은 채 삼나무 발치에 드러눕게 될 것이었다. 그가 팔을 포개고 잠이 들었을 것이라고 생각해야 할 것이다…. 악귀들이 그의 가슴을 파고들지 않도록 귀뚜라미의 따르라기 소리가 별똥을 노래하고, 신성한 별빛이 이 잠든 어린이의 이마를 비추던 시간에.

그런데 그의 운명을 결정하는 데 이바지한 사건이 벌어졌다. 알비에라가 사망했던 것이다. 피에로 나리는 재혼했다. 새색시가 그에게 대단

• 이탈리아 건국 신화의 주인공 로물루스 조상 신화.

한 지참금을 가져오지 않았을까? 아니면 새로운 도약을 위한 계기가 되었을까? 피에로 나리와 가족은 피렌체의 산 피렌체 시뇨리아 광장 근처에 정착했다. 그들은 상인조합 "아르테 데 메르칸티" 소유의 집에 세를 들었다. 사무실은 법원, "바르젤로 궁" 맞은편 건물이었다.

1469년의 토지대장은 피에로 가족의 변화를 알려준다. 조모가 돌아가셨다. 사십대의 피에로는 스물일곱의 프란체스카 란프레디니와 결혼했었다. 열일곱 살의 레오나르도는 아버지 집에서 살았다.

소년은 피렌체에서 친구와 재회했다. 그것은 다름 아닌 아르노 강이다. 그러나 어린 시절에 그 강변에서 뛰놀던 강물은 갑갑해 보였다. 둑으로 막히고 가게들이 늘어선 커다란 돌다리로 덮인 그곳에서는 금은 세공사의 망치 소리가 넘치고, 손님들로 북적대고, 행상의 호객하는 소리로 시끌벅적했다. 분주한 군중은 강바닥의 자갈로 덮인 좁은 길에서 밀고 밀렸다. 예술과 사상의 제국을 보유한 이 도시였지만 크기는 군청 소재지 정도였다. 인구는 겨우 7만 가량이었다. 거친 돌 울타리로 튼튼히 막히고 총안을 올린 망루들이 도시를 에워싸고 있었다. 수도원들이 솟아 있고 삼나무를 화관처럼 두른 언덕들로 이루어진, 거대한 원형극장 한복판에 나뒹구는 벌통 같은 밀집구역이라고 할 만했다.

이곳에 사는 주민들은 부지런하고 건강했다. 가족의 의무를 다하고 교회를 존중하는 그들의 지성과 적응력 덕분에 그 재산은 늘어가기만 했다. 그들은 번 돈으로 집을 꾸미고, 도시를 미화하고, 농촌을 꽃피웠다. 거물이든 소시민이든 그들은 자연과 더불어 살면서 그 생기와 정신적 균형을 잃지 않았다.

피렌체 사람은 가정생활에서는 지극히 온화한 풍습을 따르면서도 어쨌든, 공공생활에서는 선동적이며 곧잘 불평을 쏟아냈다. 개인의 가치를 적극적으로 옹호하는 기질에, 예민하고 변덕이 심한 사람들은 통치하기에 쉬운 백성은 아니었다. 당파들은 엎치락뒤치락 싸움을 벌였다. 이 도시의 정신적 분위기에는 세련된 예절과, 개화된 취미와, 농촌적인 편향과, 당파적 조급증과, 분파적 열광이 기묘하게 뒤섞여 있었다.

이 토스카나의 도시에 레오나르도가 이사 왔을 때, 가장 현명하고 부유한 시민이 이 작은 아테네를 이끌고 있었다. 코시모 데 메디치가의 은행은 기독교 세계 전체에 지점을 개설하고 있었다. 이 은행은 금고에 넘치는 금화를 이용했다. 극도로 신중한 이 노인은 동정녀 숭배를 올림푸스 산의 신에 대한 숭배에 결부시켰다. 그는 수도원과 도서관 설립에 똑같은 열성을 쏟았다.

그는 카레지[피렌체 시내의 동네]에 있는 여름 별장에서 여가를 탐구에 쏟았다. 별장은 붉은 석회로 만든 둥근 기와로 덮여, 피렌체 농촌의 다른 가옥들과 별반 다를 바 없었다. 정면의 고상한 비례도 아름다운 정원도 마찬가지였다. 고대의 대리석상은 짙은 응달 속에서 눈부시게 빛났다. 붉은 모자를 쓴 이 늙은 귀족은 고대의 저술을 손에 쥐고 언덕길을 오르곤 했다. 바로 이 사람이 인문주의자 마르칠리오 피치노가 강의하도록 농가를 빌려주지 않았던가? 코시모는 이 이웃 학자에게 이런 편지를 썼다.

"땅도 갈겠지만 나 자신도 갈고닦으려고 어제 카레지에 도착했소. 어서 봅시다, 마르칠리오. 신성한 플라톤의 논문 「지고의 선에 관하여」도 잊지 말고. 어서 오르페우스의 리라도 갖고 오시게."

고대 서한문 예찬과 고대문명 취미는 어쨌든 상당한 기벽이었다. 이런 열광은 그리스와 로마제국의 추억에 대한 일종의 물신숭배를 부추겼다. 점잖은 사람들의 머릿속은 고대의 읽을거리로 채워졌다. 그들은 로마식 반코트를 자랑스레 걸치고 다녔다. 메디치가의 후원을 받던 미켈레 베리니는 성경을 그리스풍의 운각을 맞춘 시로 번역하지 않았던가? 현학자인 이 라틴 오라토리오회 수사는 지적 생활을 주도했다.

레오나르도는 라틴어를 몰라 얼마나 아쉬워했을까! 그런데 이런 교육적 결함 덕분에 그는 되레 당시의 탁월한 인물들을 주눅 들게 했던 고대에 대한 전문적 왜곡과 과장된 연구에 빠지지 않을 수 있었다. 이 어린 촌뜨기의 신선한 감수성을 변질시키거나 금속 칼날처럼 예리한 그의 지성을 무디게 하는 것은 아무것도 없었다.

집은 시뇨리아 궁* 근처였다. 13세기 말에 지은 이 궁전은 높은 종루를 올린 요새 같은 일종의 성이었다. 궁 앞에는 "링기에라"라고 하는, 연설하는 사람을 위한 난간이 있는데, 공공의 일을 결의하기 위해 수천의 시민들이 모일 수 있는 커다란 광장을 압도했다. 시민 공동체의 생활이 펼쳐지는 이 구역에서 모두들 정치적 열정을 토해냈다. 어느 날 아침 아버지가 이 소년을 데려간 베로키오 공방 앞에서는 찬란한 예술과 정치적 성찰이 기다리고 있었다. 어째서 그는 화가가 되기로 했을까?

재혼한 공증인은 물론 자식을 원했다. 대단히 인간적인 이탈리아 사

---

* 정부청사에 해당된다.

람들은 사생아에도 큰 욕심을 내곤 했다. 물론 합법적인 자식이 아버지의 대를 이었지만 아버지는 배다른 자식을 존중하는 제도를 무시하지 않았다. 어린아이의 개인적 입장이나 공증인과 예술가의 관계도 이런 선택과 무관하지 않았을 듯하다. 그렇지만 레오나르디노가 예술과 친숙해질 기회가 있었을까? 이 꼬마가 엠폴리 대성당의 당당한 정면 앞에서 감탄한 나머지 입을 다물지 못했을까? 그 로마식 궁륭 밑으로 들어가면서 마사초*의 「피에타」 앞에서 눈을 껌뻑거렸을까? 아니면 엄청난 작품의 위엄에 몸을 떨기라도 했을까? 그런데 그 마을의 작은 성당에 있는 온화하고 소박한 「마돈나」의 이미지 앞에서도 그랬을까? 어린이의 소명을 결정하는 최초의 인상을, 그 물줄기를 적시는 샘물을 누가 쫓아갈 수 있을까?

베로키오 공방 자리는 알 수가 없다. 커다란 회벽으로 지은 곳이라고 상상해야 하리라. 그 벽에는 밑그림들이 걸려 있고 그 구석에는 고대작품, 즉 토르소, 흉상, 석관조각 등이 굴러다녔을 것이다. 어린 도제들은 돌절구로 안료를 갈았을 것이다. 절굿공이로 장단 맞추어 소리를 내면서 마치 거장을 둘러싼 조수들처럼 응원하기도 했을 것이다.

피렌체에서 예술가는 직인들과 뒤섞여 활동했다. 어쨌건 명성을 얻게 되면 비천한 상태를 벗어나는 특권을 얻었고, 도시 엘리트의 눈길을 끌기도 했다. 붓놀림이 유능한 자들은 민중들에게서 벗어나 당시 유행하던 귀족의 후견을 받을 수 있었다. 메디치가 그 모범을 보였다. 왕관

• 1401~1428. '회화의 창조자'라는 평판을 얻은 르네상스 초기의 거장.

없는 이 왕족이 예술에 열광하면서 화가와 조각가 사회를 찾은 특별한 이유가 있었다. 즉, 대리석상과 청동상은 그들이 인기를 끄는 결정적 요소였다.

예술가들은 도시 장식에 참여했다. 가장 수수한 장식부터 기념비적인 사업에 이르기까지 그들은 모든 재료를 능숙하게 다루었다. 당시 통신수단은 대단히 느렸는데도 반도와 외국 여러 지역의 예술적 동향은 잘 알려지고 있었다. 예술가들의 이주와 예술작품의 수입, 여행자들의 기록을 통해서였다. 더구나 소묘와 판화는 오늘날의 사진을 대신했으므로 그 덕에 플랑드르부터 시칠리아에 이르는 전반적인 추세를 알 수 있었다. 이를테면, 15세기의 공방이란 오늘날의 자동차 공장과 비슷했다. 거기서 서로 다른 곳에서 온 노동자들이 합심하여 일하고, 모든 기술적 완성과 미적 혁신에 주목했다.

이런 미술가들은 별다른 생각 없이 선배와 동료를 모방했다. 거장*은 독창적 작품을 창조하려는 욕망에 취한 지성인이라기보다 일군의 수련생을 거느린 집단의 우두머리로서 수많은 주문량을 소화하고 있었다.

15세기에는 아무도 독창성을 뽐내지 않았다. 그것은 단호한 의지의

• 거장이라고 통용되는 이 자격은 직인이 독립 공방을 열고 문하생을 둘 수 있는 직인 조합에서 부여한다. 또 자기 공방의 이름으로 작품을 수주할 수 있다. 그러나 당시 아주 어려서부터 도제 수련을 거치기 때문에 빠르면 20대 초반에도 거장이 될 수 있었다. 보통 작가가 확인되지 않는 작품을 이를 때에도 마찬가지로 이 어떤 작품의 아무개 '마에스트로Maestro'라고 지칭하는 것이 학계의 관행이다. 따라서 음악에서 극히 뛰어난 거장에게만 붙여주는 식의 특별한 뜻은 아니며, 오늘날 미술학교에서 석사에 준하는 '매스터' 학위와 비슷하다.

결과가 아니라 기질의 소산이다. 안드레아 베로키오도 바로 이런 경우에 해당했다. 그의 개성은 그가 살아 있던 시절에 이미 두드러져 보였다. 추종자들은 거물 작가들이 등장하면서 일깨우던 힘차고 자발적인 인상에 감동을 받곤 했다.

베로키오는 1435년에 태어나 1488년에 사망했다. 그는 모든 종류의 미술을 다루었으나 금은세공사 출신인 만큼 특히 청동을 좋아했다. 그는 마치 청동제품을 기업인처럼 만들어냈다. 바로 그가 대성당 제의실 정문을 위한 청동부조와 그 원개의 머리를 제작했다. 그는 보기 드물게 완벽한 청동상을 제작했다. 「돌고래와 어린이」—로렌초 메디치 대공이 주문했고 옛날에 카레지 별장 분수를 장식했지만 지금은 시뇨리아 궁에 있다—라든가, 오르산미켈레 바깥 주랑 위에 올린 「성 도마의 불신」을 모르는 사람이 있을까?

안드레아는 작품에서 자신이 시인의 자질을 갖춘 완벽한 장인임을 보여준다. 즉 완벽성을 추구한다고 참신한 감정을 잃지 않는다. 그의 작품에서 삶에 대한 열정과 기분 좋고 행복한 열정을 느끼게 된다. 그는 사소하고 시시껄렁한 것을 본능적으로 피하는 고상함을 타고났다.

이 균형 잡힌 거장은 회화에서도 같은 성공을 거두었다. 수많은 그림이 그의 공방에서 나왔다. 그는 제자들도 가르쳤는데 그들은 눈부신 명성을 얻게 된다. 레오나르도, 보티첼리, 피오렌초 디 로렌초, 페루지노, 로렌초 디 크레디가 모두 그의 제자들이다.

그윽한 페루지노, 우아한 피오렌초는 일찍 피렌체를 떠났다. 반대로 아주 어려서부터 유명했던 레오나르도와 로렌초 디 크레디는 오랫동안 베로키오의 조수로 그의 곁을 지켰다.

로렌초 디 크레디가 그린 베로키오의 초상은—우피치 미술관에 있다—건강하고 차분해 보인다. 이런 선량한 모습에서도 사부師父의 권위가 엿보인다.

위신이 대단하던 이 조각가는 훌륭한 화가이기도 했다. 당시 회화는 산업이었다. 회화공방을 "보테가"라고 하지 않았던가? 가장 수수한 도매상의 가게 같은 것으로 말이다. 단지 군주, 귀족, 고위성직자, 대갓집의 영부인만 주문을 낸 것은 아니다. 굳은살이 박인 장인, 주부, 시골 사제도 성상 공방의 문을 두드렸다. 성상 작가는 고객의 비중에 따라 임무를 분담했다. 소시민의 주문은 제자들에게 나누어 맡겼다. 중요한 인사를 위해서 거장은 최상급 도제의 도움을 받아가며 직접 물감을 개었다.

이렇게 피스토이아 대성당의 「성모」는 베로키오가 1479년에 주문을 받았는데, 대부분 크레디가 그렸고, 현재 우피치 미술관에 있는 「그리스도의 세례」는 레오나르도와 함께 그리게 되었다. 바사리는 이 그림에서 젊은 도제가 무릎을 꿇은 천사들의 두상을 그렸다고 확신한다. 사실상 베로키오가 그린 그리스도는 힘차고 남성적인 반면, 두 천사의 모습은 들뜬 소공녀들 같아 보인다. 그 머릿결은 마치 빛을 묶어 그린 금은세공사의 손에서 나온 듯하다.

바사리가 『예술가 열전』을 쓴 것은 레오나르도가 도제 생활을 하던 때로부터 50년 뒤였다. 이 전기는 따라서 오늘날[이 책이 출간된 20세기 전반] 몽파르나스 카페에서 들을 수 있는 세잔의 화실에 대한 이야기처럼 신화적 성격을 띤다. 어쨌든 이번만은 바사리가 진실이 담긴 구전口傳을 적은 듯하다.•

다 빈치의 곁에서, 로렌초 디 크레디는 베로키오의 가장 우수한 제자였던 듯하다. 많은 당대인이 그를 일곱 살 더 많은 레오나르도보다 높이 평가했다. 그런데 용이함과 천박한 사람의 환심을 사려는 욕망이 한 사람의 예술가를 망쳤다. 이것이 로렌초의 운명이었다. 그의 자화상은—우피치 미술관에 있다—검정 옷차림에, 심란한 듯 고개를 숙이고 있다. 바탕의 그윽한 풍경은 짐짓 꾸민 인물의 재능을 드러낸다. 일찍 성공한 이 청년은 차츰 상업성에 물들었고 결국 임파성 체질[탐욕적인] 탓에 타락했다. 오직 그의 청소년기의 작품만 진정 탁월하다—그가 레오나르도 곁에서 이젤을 펼쳐놓고 붓을 놀리던 때의 것만이.

프리미티브 화가들의 미묘한 맛을 보여준 뒤에, 베로키오 공방은 일종의 의식적인 맛을 드러낸다. 무미건조하지 않은 정확성, 무언가 빛나고 봄날 같으며, 음악적인…. 당시 한 편의 화폭은 사람들이 그 속에서 신성한 역사를 읽는 커다란 책이었다. 베로키오와 그의 작품은 여기에 매력적인 한 장을 덧붙인다.

그 중 루브르에 있는 「수태고지」가 가장 유명하다. 칠보처럼 핀 꽃밭 한복판에서 노란 소매의 흰 저고리를 걸치고, 부드러운 눈길로 수수한 기도대 앞에서 무릎을 꿇고 있는 평범한 촌부村婦의 모습이다.

그림의 크기로 미루어 이 작품은 제단화의 아랫부분이었을 것이다. 보통 거장이 가운데 그림을 그리고 제자들이 아랫부분을 그리곤 했다.

• 바사리는 『예술가 열전』에서 허구적인 이야기를 많이 늘어놓은 것으로 유명하다. 미켈란젤로의 경우 이에 유감을 느끼고 콘디비에게 자서전을 받아쓰게 하기도 했다.

과거에 몬테 올리비에토 수도원에 있었다가 현재는 우피치 미술관으로 옮겨진 더 큰 「수태고지」는 검은 삼나무가 몽상적인 파란 풍경에서 거대한 모습으로 돋보이는 동정녀를 보여준다. 배경은 항구다. 대리석 삼각의자는 피에트로 데 메디치의 묘를 연상시킨다. 1470년 베로키오가 산 로렌초 성당에 봉헌한 것이다. 귀스타브 드레이퓌스 컬렉션과 함께 뒤벤 경에게 넘어간 소품은 나무가 우거진 언덕으로 트인 창 앞에서 「동정녀와 아기 예수」를 보여준다. 꿈처럼 가벼운 금발의 어머니는 애틋한 정성을 기울이는 몸짓이다. 그녀는 외투자락을 탁자 위에 펼치고서 깜찍한 코에 통통한 아기의 발이 시리지 않도록 보살핀다.

신의 온화한 어머니와 토스카나 농촌에 정착하려고 천국에서 내려온 듯이 백합을 들고 있는 천사들은 가족적 분위기를 띤다. 오늘날 누가 늙은 거장 주변에서 이 천재를 스쳐 지나가면서 창작했던 재간꾼과 천재들의 몫을 가려낼 수 있을까?

이처럼 레오나르도의 청소년기 작품으로 확실한 것은 없다. 그렇지만 공동의 공방에서 나온 단편들 속에서 각 제자의 몫을 정하기는 까다롭다 하더라도, 공방의 동료들과 대비되는 베로키오의 개성이 다 빈치의 발전에 유익했을 것이라는 점은 의심하기 어렵다. 베로키오의 공방에서 이 도제는 모든 예술 형식을 다루었다. 1472년, 그는 "마에스트로" 자격증을 획득하고 화가조합에 등록했다. 이 조합은 회원의 모범적 신앙심과 정기적 회비 납부를 엄격히 요구했다. 회원들은 매일 "아버지 하느님"과 "아베 마리아"를 다섯 번씩 소리 내어 기도해야 했다. 연회비 외에도 그들의 수호성자 성 루가*의 축일에는 5솔디를 헌금해야 했다.

한편 이 새 거장은 베로키오의 곁을 떠나지 않았다. 1476년에도 그는 스승의 집에 기숙하고 있었다. 이 시골 청년은 거기에서 모든 피렌체 유명 인사를 만났다. 귀족(특권층)은 공공 업무의 스트레스를 이곳에서 풀었다. 상인들은 주문을 따주었고, 먼 나라의 소식을 전해주었다. 인문주의자들은 대리석상을 어루만지며 소네트를 읊었다.

인간관계에서 피렌체는 대도시처럼 보였다. 조건과 직업과 나이가 다른 모든 사람이 친해질 수 있었다. 예술과 문학은 하나였다. 화가, 문인, 애호가는 메디치가의 정원에 모이거나, 세르 안토니오의 집에서 몇 발자국 떨어진 "서점가"—오늘날의 비아 델라 콘도타—의 책방에 모여 한담하곤 했다.

이 거리의 서점 주인들은 상당한 인사들이었다. 그 책방은 문인, 애호가, 지체 높은 외국인들이 모이는 장소였다. 서점 주인도 화가처럼 직능조합에 가입해 있었다. 그 조합과 함께 이 책의 거리는 다 빈치의 거처 근처에 있었다.

젊은 레오나르도는 이곳에서 그 동아리의 주목할 만한 사람들을 알게 되었다. 피렌체 정신에 맞서는 대표적인 두 사람이었다. 그 중 서적상의 왕자라는 별명으로 통하던 베스파시아노 다 비스티치 [1421~1498]는 과거를 주시하면서 살았다. 그는 고대 저작을 찾아내 능숙한 서기에게 필사본을 만들게 했으며, 유명한 채색수사본 화가들

• 성경의 복음서를 지은 루가 또는 누가로 표기하는데, 성모의 초상을 그렸다는 전설이 있다. 그는 또 의사들의 수호성자이다.

에게 삽화를 맡겼다. 화가들은 당초문唐草紋, 꽃, 기묘한 풍경, 때로는 초상으로 수사본을 꾸몄다.

제라르도 델 파빌라•는 피렌체의 일급 삽화가 대우를 받았다. 레오나르도는 두 사람과 사귀었다. 아타반테와 다 빈치는 동갑으로 아주 절친했다. 이 삽화가는 다 빈치에게서 돈을 빌리기도 했다. 한때 그는 다 빈치에게서 작품의 모티프를 차용하기도 했다. 아타반테의 수많은 수사본 가운데 특히 유명한 애서가愛書家였던 헝가리 왕, 마티아스 코르빈을 위해 제작했던 화려한 미사경본經本—현재 브뤼셀에 있다—에서도 그런 동기를 볼 수 있다. 1485년에 완성된 이 책의 한쪽에 실린 원형그림에서 루브르의 「수태고지」의 천사를 확인할 수 있다. 그 밑에 그리스도의 세례 장면에서 베로키오의 그림을 본뜬 천사가 등장하는데, 이는 어린 도제 레오나르도가 따른 것과 똑같은 전통이다.

이렇게 베로키오 공방과 책방 거리는 밀접한 관계였음을 알 수 있다. 그런데 양피지를 탐내는 세련된 사람과 애서가 사이에서, 이와는 다른 경향을 대변하는 늙은이를 매일 만날 수 있었다. 자연의 비밀에 열렬하게 관심을 쏟는 과학에 굶주린 사람이었다.

이 칠십대 노인은 파올로 토스카넬리 박사로 단지 인체를 해부하는데만 그치지 않았다. 그의 호기심은 끝이 없었다. 그는 별자리를 탐색하고 지구전도全圖에 몰두하는가 하면 지상의 먼 지역을 뒤지고 다녔

• 1452~1525, 아타반테라고도 한다. 기를란다요 주변 사람들과 밀접했다. 피렌체 수사본 채색화의 전통을 이어갔는데, 연도와 서명을 남겼다.

다. 이 통신이 더딘 시대에 놀랍게도 머나먼 대륙의 소식이 전해졌다. 생각의 날개는 보행자나 기병이나 범선보다 더 앞질러 나아갔다. 토스카넬리는 외국인 동료들과 서신을 교환했다. 그는 부유한 명문 귀족 출신이었다. 그의 조카들은 오리엔트와 향신료 무역을 하고 있었다. 구전 정보는 이 기상천외한 천문학자가 자기 연구실에서 조용히 건져낸 생각을 보완해주었다. 이 노학자는 관대한 사람이었다. 리스본에 정착한 제노아 출신의 크리스토퍼 콜럼버스는 향신료가 나는 나라로 가는 해로를 개척하려고 그의 지식에 의지했다.

토스카넬리는 부탁받은 정보를 주려고 서둘렀다. 그들이 직접 서신을 교환했는지 아니면 제3자를 통했는지는 중요하지 않다. 이런 교환은 어쨌든 1473년에 이루어졌다. 레오나르도가 스물한 살 때였다.

콜럼버스를 격려하고 도왔던 엄격하고도 열정적인 이 노학자는 모든 세대를 고취시켰다. 레오나르도는 수첩에 여러 학자들 가운데 "마에스트로 파골로"라고 적어두지 않았던가? 파골로는 토스카넬리의 친지들이 그를 부를 때 쓰는 별명이었다. 이 거물 학자의 장엄한 그림자가 지식에 거의 미쳐 있던 다 빈치라는 가냘픈 청년의 뒤에 있었다.

사상가와 수완가들은 학자, 무역상에게 새로운 사건에 대한 새로운 전망을 열어주면서 탐험가들의 노력을 열렬한 관심으로 뒤쫓았다. 향신료 거래상인 루카 란두치는 마데르 섬에서 도착한 설탕을 구입하기에 분주했다. 아프리카, 오리엔트, 그리고 바다 저 너머에서 나타나기 시작한 신대륙은 피렌체 무역에서 비밀이 아니었다.

뛰어난 상인 가운데 매우 번창하던 가문이 막 등장했다. 공디 가문이었다. 장식깃을 두른 신사와 프랑스 궁정의 호사, 선장, 대사, 그리고 드 레스 추기경*이라는 이름으로 알려진 비범한 문인이자 신랄한 비판자도 모두 이 가문 출신이다. 이 무렵 그 가문의 조상, 줄리아노 공디는 의욕적이고 부지런한 금은세공사였을 뿐이었다. 그는 견직공장을 세웠고 대규모 수출을 하고 있었다.

공디 가는 상인조합을 장악했다. 다 빈치 일가는 이 건물 한 층에 세 들어 살았다. 레오나르도는 가족을 보러 갈 때마다 공디의 자제들과 만났는데, 그들은 먼 장삿길에서 돌아와 있었다. 시몬은 헝가리, 조반바티스타는 콘스탄티노플의 지점을 운영했다.

이들의 여행과 모험 이야기와, 이역의 땅과 관습과 풍속에 대한 설명은 고국을 벗어나본 적이 없는 이 젊은 화가의 눈을 더 넓은 공간으로 돌리게 했다. 물질적이든 지적이든, 그는 미지에 대한 깊은 관심에 사로잡혀 있었다.

개성적 역량이 없는 위대한 예술가는 없다. 이 피렌체 시절에 그의 인간성과 예술은 하나가 되어 진보했다. 모든 분야에서 그는 진정한 독창성을 보여주었다. 성경 보따리와 민중시를 든 늙은 화가들과, 고물상과 순전히 책에 기댄(현학적인) 사고방식의 문법학자들 사이에서 그의 사고는 자연과 과학으로 기울었다. 지성을 갈구하는 그 예리한 정신은 취미의 구별과 미의 감각을 타고난 그 도시에서 발전했다. 이 토스카나 지방의 도시는 예술로 번창했다. 위대한 장인의 전통 덕분에 레오나르

---

* 프롱드의 난을 일으킨 주역의 한 사람이다. 그는 루이 14세가 어린 시절 그의 모후의 섭정기에 재상 마자랭의 전횡에 맞서 봉기했다. 방대한 『회상록』을 남겼는데, 이것은 17세기의 귀중한 기록문학으로 꼽힌다.

도는 일찍이 자기를 표현할 수단을 얻었다. 그 수련기가 느리던 시대에 그의 수련은 갑작스레 봉오리가 터졌다. 이 초보자의 진품인 첫 번째 소묘가 그 증거로 전해진다.

소묘는 예술가의 예민한 이론의 거울 아니던가, 그 존재의 내밀한 반영 말이다. 젊은 다 빈치를 이해하자면 스물한 살 때 그가 그린 것을 잠깐 주목해봐야 한다.

펜으로 그린 그 풍경화는 우피치 미술관에 소장되어 있다. 그 위쪽에 레오나르도는 오른쪽에서 왼쪽으로 쓰는 그 특유의 필체로 이렇게 적어놓았다.

1473년 8월 5일.
산타 마리아 델라 네베의 날에

깊은 산골짜기에 우뚝 솟은 성이 하나 있다. 그 맞은편에 거대하게 드러난 바위가 보인다. 산타 마리아 델라 네베의 축일에 그린 이 소묘는 빈치와 피스토이아 사이의 어느 산꼭대기에서 그렸을 것이다.

이것은 늙은 피렌체 화가들의 날카로운 함축과 금은세공사의 자취에서 얼마나 멀어져 있던가! 차라리 극동 지방 화가들의 경쾌한 붓놀림이 떠오른다. 꼼꼼하게 관찰하고 있지만—정겹게 묘사한 작은 관목을 보자—이 소묘는 자유롭고 순수하며, 율동에 넘친다. 그것은 신나게 넘실대는 상상으로 변형된 사실을 반영한다. 이미 1473년의 이 소묘에서 「조콘다」 속의 풍경을 예감하게 된다. 연도를 새삼 눈여겨보자. 레오나르도는 이제 막 도제 생활을 마친 지 한 해가 지났을 뿐이다.

그 놀라운 조숙성은 예외적이고 희귀하고 세련된 것이 담기지 않은 모든 것을 그의 작품에서 제외할 수 있게 하는 증거이다. 1477년 시뇨리아에서 산 베르나르도 예배당 제단화를 그에게 주문한다. 3년 뒤 그는 피렌체 부근의 작은 마을 스코페토에 있는 산 도나토 수도원과 주제단화를 24개월 내지 늦어도 30개월 내에 완성시킨다는 조건으로 계약을 맺는다.

이 주문은 그의 상상력을 자극했다. 그는 화첩에 수많은 밑그림을 그린다. 그의 피렌체 시절의 작품이 전혀 남아 있지 않지만, 이 재빠르게 그린 스케치만으로도 그의 이름을 영원히 남기기에 충분하다. 루브르에 있는 소묘에서 「동방박사의 경배」의 마구간은 폐허가 된 고대의 신전 같다. 동정녀는 문턱에 앉아 있다. 수많은 사람이 그녀의 무릎에 앉은 아기 예수를 향해서 몰려든다. 알몸에, 펜을 몇 번 긁적여 그려낸 얼굴에서 활기가 넘치며, 그때까지 결코 볼 수 없었던 우아한 표정이다. 우피치 미술관의 소묘는 화면의 배경을 위한 습작이다. 신전의 자리에서 폐허가 된 건물이 보인다. 작게 그려진 흥분한 사람들이 계단에 줄을 잇고 있는데 마치 허공으로 날아오를 듯하다. 그 마지막 단에는 무장한 병사 하나가 먼 곳의 행렬을 향해 창을 휘두른다. 종려나무 밑에서 기사를 내팽개친 마구로 잔뜩 무장한 말 한 마리가 선 채로 발을 구르고 있다.

이런 수많은 밑그림에서 화가는 주제를 골라 유화로 그리고자 했다. 산 도나토의 수사들에게 줄 제단화 밑그림은 지금은 우피치 미술관에 소장되어 있는데, 그 산고의 자취가 역력하다. 마치 종이 위에 그토록 수월하게 자기 생각을 펼치던 화가가 여기에서도 그 문제(재료)와 힘겹게 싸워야 했다는 듯하다! 이 탐구자는 공방 동료들의 실기와 달라지기를 원했다. 그는 지금까지도 그토록 참신해 보이는 베로키오와 크레디의 수법을 포기했다. 비투먼[아스팔트의 일종]으로 밑칠을 한 다음, 다 빈치는 붓으로 인물의 윤곽을 그렸다. 화면구성도 바꾸었다. 폐허는 후경으로 물려놓았다. 동정녀는 한복판에서 빛을 발한다. 소묘에서 활달하던 인물들 대신 남자들이 일종의 두려운 감동에 이끌려 새로 태어난 아기 앞에 고개를 조아리고 있다. 배경에서 구경꾼과 동방박사의 수행원과 짐승[말과 낙타] 등에 올라앉은 기사들이 보인다. 동세動勢와 많은 인물과 그림 같은 풍경의 탐구야 어떻든, 오랜 노력 끝에 찾아낸 시원스런 배치에 놀라게 된다. 레오나르도는 명쾌한 천재인 셈이다.

바티칸 피나코테카*에 있는 이 시기의 또 다른 작품 「성 히에로니무스」도 초벌 상태에 그쳤다. 이 은둔 성자는 무릎을 꿇고 검붉은 편마암 바위 앞에 앉아 있다. 눈이 깊이 들어간 이 노인은 왼쪽 어깨에 망토 자락만 걸친 채, 발치에 엎드려 으르렁대는 사자를 길들이고 있는 듯하다.

화가는 배경을 암시하려고 초목을 약간 긁적이다 말았다. 「경배」에서 감동적인 분위기를 빚어냈지만, 이번에는 강인한 힘이 인상적이다.

명성을 얻기 시작한 화가는 장인 생활도 계속 해나갔다. 그는 주문으로 얼마 안 되는 선금을 받았고, 산 도나토의 시계탑을 채색했다. 수도사들은 그에게 안료를 대주고 현물을 지급했다. 고개 숙인 황소들이 끄

---

* 회화만 취급하는 미술관을 이름.

는 수레를 타고 온 그들은 레오나르도의 집 앞에 알곡을 내려놓았다. 그러나 그는 상투성에 젖어 태평한 휴식만을 즐기는 케케묵은 공방 거리의 장인과 얼마나 다르던가! 그는 일과, 살림과 고객과 사회에 함몰된 일꾼이 아니다. 그는 모든 것에 생각을 열어놓고 있던 사람이다.

그토록 어수선하고 남루한 생활을 하면서도 그는 얼마나 미지를 향한 의욕으로 고뇌했던가! 성년이 되어서야 그는 라틴어를 배운다. 그는 도서관에 익숙해진다. 성경, 기도서, 아이소포스 우화, 단테, 페트라르카. 또 루카 풀치(1432~1484)의 『일 드라아데오』, 부르키엘로의 『소네트』, 발투리우스의 유명한 『장군열전 M』, 자연사 관련 서적, 망드빌의 여행기 『세상의 경이』[1]. 그는 독학으로 다양하고 많은 연구를 해나간다. 기하, 대수, 천문, 지리, 수리학, 해부학, 식물학, 광학 모든 것을 섭렵했다. 끈질기게 사고를 단련하는 레오나르도는 중세의 대문호와 저명한 연금술사를 연상시킨다.

그를 우리의 감수성으로는 평가할 수 없으리라! 그는 지식이 비밀스럽고, 불확실하고 오락가락하던 시대에 살지 않았던가? 그것은 암중모색이었다. 당시 특히 이탈리아에서 대단히 유행하던 신비주의자의 취미와 방법을 생각해보자. 그토록 엄청난 호기심에 젖은 사람이 신비학을 섭렵하면서도 건전한 모험이라고 할 만한 것을 무시하지 않았다.

이 상상력이 풍부한 사람은 분명하고, 신속 단호하게 자신을 표현한다. 그는 오리엔트와 에트루리아〔고대 이탈리아 반도〕 조상이 하던 대로 왼손으로 거꾸로 써나간 종이 위에 자신의 생각을 펼친다. 그는 종종 소묘로 자신의 성찰을 보완한다. 그 유능한 두뇌 속에서 일종의 이원주의가 지배한다. 지적 노력이 시각적 역량을 자극한다. 그의 회화작품에 대한 최초의 밑그림들은 대수와 기하 연습장에 그려놓은 것이다. 두뇌 활동이 그에게서 이미지의 짜릿한 재미를 깨우고 있다.

완전히 피렌체 사람다운 기질이 두드러지고, 연극과 음악에 열정적인 이 잘생긴 청년은 세련된 멋쟁이들과 사귀어야겠다고 생각한다. 그는 공증인 시모네 미글리오레티의 사생아였던 아탈란테 미글리오레티라는 음악가와 사귄다. 시뇨리아 공증인직을 세르 피에로에게 물려받은 사람이다. 두 청년이 성장한 환경은 비슷하다. 둘 다 예술에 대한 열정으로 서류더미에서 벗어났다. 레오나르도의 또 다른 친구, 토마소 마시니는 신비학도이자 기계 기술자이자, 그림을 그리기도 했기 때문에 페레톨라의 차라투스트라로 통했다. 그 이름의 초상화가 전한다. 레오나르도는 이렇게 교육이나 외모에서 비범한 사람들과 교제하려 했다.

그 시대는 우리 시대[20세기 초]와 닮은 점이 많다. 전쟁, 사회적 혼란과 그에 따른 분열, 신경증, 그리고 예민한 기질에서 나온 거친 비방. 피렌체에는 그런 편향을 부채질하는 제도가 있었다. 즉 광장마다 "신문고"가 설치돼 있었다. 익명의 고발을 받아들이기 위한 둥근 상자들이…. 천민, 바보, 원한을 품은 사람, 시기심이 많은 사람들이 이 북을 두드리고자 몰려들었다. 남색에 대한 힐난이 가장 빈번했는데, 이런 고발은 증거가 필요 없었고 추측만으로도 피고발자의 평판을 떨어뜨릴 수 있기 때문이다. 때때로 이런 그릇된 공격을 한 사람이 맡기도 했다. 그 같은 사악한 행위에 대해 모든 수도사를 고발했던 산 마르코 수도원 수도사는 단지 복수심에서 그렇게 했다는 점이 인정되어 공적인 벌금을 물고서 감옥에서 썩게 되었다. 그런데 그의 복수는 예외적이었다. 익명성은 고발자에게 형벌의 면제를 보장했다. 고발자는 항상 비열한 원한에 떠밀리지만은 않았다. 중상을 퍼트리자면 공중의 호기심을 끌수 있고 평범하지 않은 사람이기만 해도 충분했다. 농담을 일삼는 입놀림은 이런 식의 어리석음에서 진실을 담을 리 만무했다. 수치스런 소문은 도랑의 쐐기풀처럼 번져나갔다.

1476년 4월 8일, 풍기사범 단속반 "수도원 야간 순찰대"가 그 "신문고"에서 열일곱 살의 금은세공사 자코포 살타렐리의 동성애자 고발장을 접수했다. 또 같은 시민으로 피렌체 귀족의 대단한 명문가 인물인 레오나르도 토르나부오니 동아리부터 조끼 제조인 바치노까지 고발되었다. 익명의 고발자는 공모자들 가운데 레오나르도 다 빈치도 거명했다. 경찰서장은 피의자들을 조건부로 기소 유예했다. 신문고에 새로운 고발이 있을 때까지. 다시 말해서 고발자가 증거를 제시할 때까지. 석달 뒤에 고발자는 증거를 제시했다. 그런데 두 번째 판결도 먼젓번과 똑같았다.

관용일까, 무시일까? 아니면 익명으로 고발한 자를 무시했기 때문일까? 당국에서는 살타렐리 건을 문제 삼지 않았다. 따라서 "변절자 자코보"에 대한 이야기는 더는 들을 수 없었다. 그다음 해에, 원로회의는 레오나르도에게 시뇨리아 제단화를 주문함으로써 명예를 지켜주었다.

애매한 공식적 문건보다 그를 더 변호해준 것은 여성의 아름다움에 대한 그의 본능이다.

베로키오는 여성에 대한 상상력이 없었다. 이 부지런한 거장은 비단결 같은 살결보다는 든든한 청동을 애무하기 좋아했다. 성모상의 모델은 자신의 누이 같은, 고상한 모성을 지닌 피렌체 여성이었을 것이다.

그러나 레오나르도는 감미로운 전형적 여성을 창조했다. 베로키오의 여성처럼 이마가 튀어나오지도, 크레디처럼 흔해빠진 미소를 띤 여성도 아니었다. 루브르에 있는 「동방박사의 경배」의 밑그림을 보자. 우피치의 초안보다 더 돋보인다. 얼마나 부드러운 얼굴에, 얼마나 순진한 생각에 골몰하고, 얼마나 영적인 감정에 취해 있던가! 여성다움이 어떤 것인지를 아는 사내만이 그토록 여자의 심오하고 미묘한 면을 이해할 수 있을 것이다.

그는 일생 동안 여성상의 개발에 매달렸다. 그의 소묘는 운동과 자세의 엄청난 다양성을 추구한다. 포동포동한 아기 예수를 달래는 동정녀상은─루브르, 우피치, 대영박물관, 런던의 아서 H. 폴런 소장품─어머니가 아기를 귀여워하는 모든 몸짓을 보여준다. 그는 세속적 주제에 매달리기도 했다. 아기를 안은 발가벗은 젊은 어머니는 부드러운 후광을 화관처럼 두르고 나타난다. 그런가 하면 들판에서 어떤 아가씨는, 당시의 믿음에 따르자면 오직 순결한 손으로만 안전하게 건드릴 수 있다는 무시무시한 일각수를 바라보고 있다. 이 두 점의 소묘는 대영박물관에 있다.

공상적인 창작 이후에, 실물 앞에서 그린 습작이 있다. 남자 두상과 우아한 여인의 얼굴 또는 레오나르도가 사랑에 떨리는 손으로 연필을 놀린 스무 점의 습작에서 같은 여인의 프로필을 보게 되는 원저 성에 있는 소묘처럼….

이런 기질의 재능이 피렌체 사람처럼 노련한 감식가의 눈을 벗어났을 리 없다. 시뇨리아, 수도사 조합, 그리고 개인들의 주문이 밀려들었다. 그런데 화가는 막상 자기 고향에서는 성공하지 못한다. 상인과 하급 서기들이 생산의 규칙성과 작업의 완성도를 우선적인 덕목으로 가르쳐왔던 그 사회에 대비하지 않은 이 사상가의 무관심과 부정확 때문일까? 그의 개성과 독창적 생활방식과 짧은 장밋빛 망토의 이상한 옷차림이 여우 털로 부풀은 긴 옷자락에 방패 무늬로 가득 찬 상인들을 놀라게 하고 충격을 주었기 때문일까? 그것도 아니라면, 그가 마법사이자 연금술사라는 소문에 경계심을 나타냈기 때문일까? 이 모든 것이 놀랍지는 않다. 오직 그에 대한 메디치가의 태도만 수수께끼처럼 보인다. 보티첼리, 기를란다요, 필리피노 리피, 도나텔로, 베로키오 그리고 미켈란젤로까지 후원하는, 어떤 사고의 표현에도 개방적인 코시모와 그의 아들 피에트로, 손자 로렌초는 베로키오 공방의 다 빈치를 분명히 알고 있었다. "익명의 연대기 작가"로 알려진 한 피렌체 시민은 일기에서 로렌초 데 메디치 대공이 다 빈치의 첫 번째 후원자라고 썼다.

이 거물이 "오르토 데이 메디치", 즉 산 마르코의 정원에 청년 화가의 출입을 허가했다는 사실 외에 두 사람의 관계에 대해 정확히 알려진 사실은 전혀 없다. 산 마르코 수도원은 메디치가에서 관리했다. 카레지 별장을 설계한 건축가 미켈로초에게 자신들의 비용을 들여 그곳을 재건하도록 하지 않았던가? 도미니쿠스회 수도원에 딸린 이 정원에서 로렌초 대공은 야외 미술관을 조성하고, 미술가들이 고대 조각을 익히도록 했다. 로렌초의 친구 도나텔로의 제자 베르톨도가 이 소장품 관리를 책임지고 있었다.

대공은 종종 손님의 어깨에 손을 두르고, 그 고대 조각의 눈부시고 미묘한 수법을 설명하면서 그 샛길을 오르내리곤 했다. 그 손님들은 당대의 미술과 시에 열정적인 이 권력자의 말을 주의 깊게 경청하며 그를 따르곤 했다. 레오나르도도 그렇게 공손했을까? 그건 의심스럽다. 어쨌든 로렌초는 그에게 각별한 관심을 보였던 듯하다. 두 사람은 거의 동갑이었다. 이 메디치가의 후계자는 공증인의 아들보다 세 살 위였다. 그러나 두 사람의 사고방식은 얼마나 다르던가!

로렌초는 그리스인과 로마인이 남긴 성유물과 고대 문학을 정말이지 열심히 공부했다. 레오나르도는 그 "신성한 고대문명"에 완전히 무심했다. 그는 그것에 매력을 느끼거나 그것을 모방하지도 않았다. 그는 심지어 "보물"이라고 했던 고대 조각과 플라톤 철학에 열광하는 인문주의자를 조롱하기도 했다. 이 중요한 인사들은 고대인을 찬양하는 데 그치지 않는다. 그들은 자기 시대의 거물들에 대한 과장된 칭송을 아끼지 않았다. 청년 예술가는 이런 충성을 보이지 않았다. 삼나무처럼 꼿꼿한 이 청년은 결코 고분고분하지 않았다. 그러기는커녕 그는 아첨하지 않을 뿐만 아니라, 피렌체 사람처럼 멋지게 냉소를 터트리는 쌀쌀맞은 타고난 비판자였다.

로렌초와 레오나르도처럼 예민한 사람들의 성격은 두드러질 수밖에 없었다. 차츰 이 막강한 인물은 그 건방진 하급 서기의 아들에 무관심하게 되었다. 재능과 기획력이 뛰어나다고 하지만 그것을 정확하게 실행하지는 못하고, 계약을 잊기 일쑤인 데다 생활방식도 엉뚱하기 짝이 없었기에…. 다 빈치가 남긴 한 구절은 불화로 틀어진 두 사람의 관계를 명시한다.

"메디치가가 나를 만들고 또 죽였다."

이 모든 것이 세르 피에로와 얼마나 상반되는가!

공증인들은 늘 평안하다. 그들은 검은 외투나 긴 모피 망토 속에, 권력자와 부자를 신중히 고려하는 생각으로 다져진 경직된 사고를 얼마나 감추고 다녔던가. 자애로운 고객 중에 가장 영예롭고, 국가 원수이자 가장 영화로운 예술 애호가이며, 명성을 좌지우지하는 사람의 기분을 아랑곳하지도 않고서 자신의 공상이나 좇는 아들을 세르 피에로는 어떻게 생각했을까?

공증인에게 이런 결렬은 분명 아주 곤혹스럽지 않았을까? 게다가 자신의 부부생활에도 변화가 일어났다. 사생아였지만 레오나르도의 가정생활은 평온했다. 그는 연달아 자식을 낳지는 않은 계모 두 사람을 거쳤다. 그는 이 계모들의 미적지근한 정을 받으며 컸다. 세르 피에로는 둘째 부인의 장례를 치르고 나서, 서둘러 루크레치아 고르티지아니와 재혼했고 결국 1479년에 그녀는 상속자인 줄리아노를 낳았다.

이 배다른 동생의 요람 앞에서 청년은 침입자 같은 심정이었을 것이다. 분명 이런 사태를 조성한 당사자는 그에게 무심한 아버지처럼 처신하지는 않았을 것이다. 물론 공증인과 또 예술가의 고약한 두뇌에 사상가의 것까지 덧붙은 청년 사이에, 세대가 다른 사람들 간의 이런 복잡하게 꼬인 감정과 몰이해는 전혀 놀랄 일이 아니다.

이와 같은 가족의 마찰에 정치도 끼어들지 않았을까? 레오나르도는 메디치의 가세에 영합하는 아버지와 다른 입장을 공공연히 밝혔을까? 그럴 것 같지는 않다. 피렌체의 공공생활은 당시 코시모와 또 권력을 밖으로 과시하는 것을 극도로 삼가면서 겉으로는 공화정의 모양새를 갖추려 애쓰고 동지와 휘하를 통해 군림하려는 그 후손의 노력으로 집약된다. 경쟁하던 다른 가문들은 호시탐탐 이 신중한 지배를 민중봉기로써 흔들려고 했다. 대성당에서 자행된 파치당의 칼부림은 전체적인 거사의 신호탄이었다. 피에트로 데 메디치는 사망했고 로렌초는 부상 당했다. 그런데 민중은 이들 편이었다. 거사를 일으킨 사람들은 교수대에 올랐다. 그들 가운데 콘스탄티노플에서 체포되어 1489년에 사형이 집행된 바론첼리는 레오나르도의 모델이다. 레오나르도는 벽에 내걸린 처형된 자의 초상을—당시 풍습대로—그렸을까? 아니면 개인적으로 기록하려고 형장의 구경거리를 스케치했을까? 그는 교수형을 당한 죄인을 냉정하게 그렸다. 그 옷의 색깔조차 놓치지 않고서…. "여우 가죽을 덧댄 파란 망토"를….

뜨거운 정치적 폭력의 와중에서 보여준 이런 태연자약함이야말로 레오나르도의 주요한 성격인데, 이는 어려서부터 뚜렷하다. 고향을 떠나기로 결정한 이유는 자기만의 생활을 찾기 위함이었을 뿐이다. 그의 가족관계, 그의 완전한 정신적 독립, 이해득실에 아랑곳하지 않는 냉정하고 높은 목표.

늙은 코시모는 지식인들에게 이렇게 말하지 않았던가.

"여러분은 무한한 것을 향해 달리시지요. 나는 유한한 것을 좇습니다. 여러분은 사다리를 하늘에 걸쳐놓지만, 나는 흙더미에 걸쳐놓습니다."

레오나르도도 자기 사다리를 하늘에 걸쳐놓았다. 피렌체가 지겨워지고 세계에 대한 호기심에 부푼 서른의 나이로, 그는 밀라노 영주 루도비코 스포르차, 일명 '일 모로'에게 서신을 띄운다. 그는 요새를 세우고 무기를 개발하고, 튼튼한 장소를 확보하고, 강에 둑을 쌓고, 궁전을 짓고, 대리석과 청동상을 빚자고 제의한다. 맨 끝에서 그림도 언급한다. 그는 자기 직업과 환경과 시대에 구애받지 않고 멋대로 행동하는 사람이다. 그는 마치 물줄기가 강바닥을 바꾸듯이 피렌체를 벗어난다.

　그가 언제 떠났는지 날짜는 모른다. 1482년 일기를 즐겨 쓰던 채소 장수 루카 란두치가 적었던 대로 횃불이 구불대며 움직이는 것을 보았던 8월 어느 날 밤이 아니었을까.

　전설에 따르면 다 빈치는 밀라노 공작에게 말대가리 형태의 은제 류트(현악기)를 전하라는 로렌초 대공의 특사 자격으로 떠났다고도 한다. 이런 우화는 이보다 50년 뒤에 바사리가 퍼트렸다. 바사리는 이야기를 재미있게 하려고 흥밋거리를 덧붙이는 맛에 취해 있었기 때문이다. 특히 이런 이야기로 자신의 후견인 메디치가에게 아첨하려 했다. 사실 레오나르도는 보석상자에 상상 속의 은제 류트를 넣어가지고 군주의 특사로 떠나기는커녕 등짐을 지고서 새로운 운을 찾아 나서야 했던 추방자 같은 모습이었다. 앞으로 보게 되겠지만, 스포르차의 성문을 열고 들어가기까지 그는 오랜 인고의 세월을 견뎌야 했다.

　그런데 그가 말 한 필이나 살 수 있을 만큼 부유했을까? 그렇다면 당시 말하듯이 걸어서 갔다면 어떻게 되었을까?* 길을 가며 배우는 즐거움이라니! 손에 지팡이를 짚고 살아 있는 사람의 숨을 내쉬며, 구불구불 계곡에 흐르는 물과 작은 들꽃들이 칠보처럼 깔린 수수한 풀밭과, 커다란 나무들과, 성당의 정면에 눈길을 주기도 하면서 걸어갔으리라. 농가의 여인숙에서 맛있고 비싼 요리에 신선한 포도주를 들이키면서…. 여로에서 벌어진 일은 수첩에 적어두었다. 병사와 상인, 신부이

* 원문을 직역한다면 "구두쟁이의 암말에 올라타고"라고 할 수 있다.

든 수도사이든 누구나 그가 지나가는 지방의 소식을 전해주었다. 이야기꾼이 천박하면 할수록 그만큼 그 말은 장황한 웅변으로 넘친다.

안개에 싸인 북쪽 주민과 하얗게 타오르는 하늘 아래의 야만족과, 황금의 강물이 흐르는 신비스런 고장에 대한 이야기 다음에는 자기 고장과 마을의 사건을 들려주었다. 범죄와 처형, 난리와 전투, 그리고 지상의 가장 막중한 일인 밀과 기름 값에 대해서…. 밤이 찾아오고 창턱에 기대어, 여행자는 별이 반짝이는 세계와 지상의 근심을 잊게 하는 거대한 미지의 세계를 말없이 응시한다.

새벽부터 그는 새 길로 나선다. 마을에 들어설 때에 그는 주막에 들를 수 있다. 화가들은 누구와도 잘 사귀지 않던가? 어느 집 문이건 두드리기만 하면 된다. 자기 고향과 조합과 이름을 밝히고 나면 잠자리와 식탁과 우정이 기다린다. 일에 대한 이야기는 끝이 없다. 손님은 화첩을 펼쳐 다른 나그네들에게 선사한다. 여행자의 봇짐 속에도 스케치로 가득한 종이가 들어 있다. 연필화를 어떻게 그리는지도 가르쳐준다. 최근의 예술작품과 예술가를 격려하는 군주와 총독도 화제에 오른다. 그리고 가야 할 순례의 길을 짚어보고서 여행은 계속된다. 마침내 어느 화창한 날, 치밀하게 둑을 쌓은 골짜기마다 물이 넘치는 롬바르디아로 들어선다. 저 멀리로 흰 눈을 머리에 이고 있는 제왕 같은 알프스 산맥이 구름을 두르고서 넓은 초록빛 평야를 지켜주는 듯한 바로 그 한복판에 밀라노 망루가 솟아 있었다.

『코덱스 아틀란티쿠스』 중에서

2장
스포르차의 기술자

『코덱스 아틀란티쿠스』 중에서

밀라노라는 터는 수 세기 동안 수많은 건물과 공장과 갤러리가 눈에 띄지 않는 먹잇감을 찾는 기계 사냥개들처럼 늘어서 있고, 자동차들이 폭주하는 도로와 개미 떼처럼 우글거리는 사람들로 넘치곤 한다. 높은 빌딩은 구름을 향해 머리를 치켜세우고, 비행기 떼가 지상보다 저 높은 곳에서 더 편안한 산책을 즐기는 시대를 숨어서 지켜보는 듯하다. 그런데 참으아리속[미나리아재빗과] 풀과 마뚈리아는 돌로 지은 옛 호텔의 궁륭 밑에서도 계속 피어난다. 이 거대한 산업도시는 그 은밀한 시를 간직하고 있다. 알프스 자락에서 그토록 화창하고 온화한 봄날의 저녁은 레오나르도가 문지방을 넘었던 시각에 롬바르디아의 이 수도를 기억해보려고 애쓰는 산책자의 상상을 자극한다.

이 도시는 여전히 그 중세적 모습을 간직하고 있었다. 15세기 말쯤 출간된 목판화집 『프톨레마이오스』가 보여주듯이. 도시는 올록볼록하게 총안銃眼을 두른 탑들이 붙은 요새와 궁전과 또 난잡하게 뒤얽힌 가옥들과 울퉁불퉁한 포석이 깔린 골목의 심연 속에 서 있는 성당을 보여주는데, 이는 지금도 여전히 오리엔트에서 보는 것과 같다.

이 좁은 길에서 놀라운 생활이 펼쳐지고 있었다. 밀라노는 이탈리아 반도에서 가장 호사스런 도시가 아니었던가? 국제적 상업의 중심지이기도 하면서 말이다. 플랑드르의 직물, 독일의 금속, 오리엔트의 향료와 황금이 가게마다 넘쳐났다. 그 장인들은 유명했다. 그 어느 곳에서도 '아르모라리' 거리에 비교할 수 있는 금은이 박힌 무기를 만들어내지는 못했다. 무기의 유명세에 비할 조합은 단 한 곳 현악기 제조 조합뿐이었다. 화려하게 번창하던 이 두 산업은 그 시대 풍습의 상징일 정도였다. 즉 남자는 항상 내부의 보초 앞에서나 외부의 적 앞에서 긴장을 늦추지 않고, 평소에는 무기를 벗어놓고 신사답게 아녀자들 곁으로 달려가거나 예술을 즐긴다.

사내들은 어떤 여관을 향해서 행운을 찾아 밀라노로 달려온 장밋빛 코트를 입은 여자들을 찾아갔던가? 물론 가벼운 지갑이 감당하기에 너무 버겁고 사치스런 포르타 로마나에 있는 유곽 '삼왕三王'은 피했다. '흰 탑'이나 '쌍검'처럼 부담이 적은 곳을 찾았을까? 아니면 당시 풍속대로 동료의 집을 찾아갔을까?

선량한 화가들에게 유명한 곳은 이 도시 저 도시로 널리 알려져 있었다. 만약 레오나르도가 "암브로조 데 프레디스(1455~1508년경)"의 문을 두드렸다면 그는 최상의 대접을 보장받았을 것이다. 이 밀라노 공방은 성에 이웃한 동네에 자리 잡고 있었을 것이다. 프레디스 공방의 가장 중요한 고객은 공작 폐하 아니었던가?

구릿빛 피부 때문에 무어인이라는 뜻의 '일 모로'라는 별명으로 통하던 루도비코 공작은 강단이 센 인물이었다. 그는 조카 잔 갈레아초의 권좌를 빼앗았고, 무시무시한 이웃 신성로마제국 황제와 프랑스 국왕

사이에서 잘 버텨냈다. 그들을 장기판에서 몰아내듯 하면서. 사람들은 그에 대해 이런 재담을 했다.

"알렉산데르 교황은 내 부속 사제네. 황제는 내 용병대장이네, 베네치아는 내 시종장이요, 프랑스는 내 심부름꾼일세."

민중시는 더욱 도도한 말을 입에 담았다.

"하늘에는 오직 하느님 단 한 분뿐
땅에는 오직 일 모로뿐
원하는 대로
평화도 전쟁도 그렇게 해왔네"

그는 가장 호사스런 모습으로 부를 과시하기를 좋아했다. 금 노다지와 산더미 같은 진주를. 이런 것으로 그의 보물창고를 그득하게 채웠다. 베네치아 다음으로 밀라노는 반도에서 가장 사치스런 도시 아니었던가? 치안과 축제가 루도비코의 주된 취미였다. 그는 입상과 회화를 무시하지 않았으나 어쨌든 무엇보다 군사건축을 선호했다.

그의 처소도 자신의 이미지에 따라 지었다. 도성의 정문 "포르타 조비니아나" 밖에 거대한 성이 들어섰다. 밀라노의 모든 지배자, 비스콘티와 스포르차 가문과 루도비코 자신도 이 성채에 건물 몇 채를 덧붙였다. 작업이 진행될수록 일차적 방어 수단으로 깊은 해자가 건설되었다. 여기에 이어서 두 개의 둥근 거탑과, 다이아몬드 정으로 쫀 화강암 9피트 두께의 옹벽은 대포에 견딜 만큼 견고했다. 거의 중국 것처럼 보이는 날씬하게 솟은 탑은 유명한 피렌체 건축가 필라레테*가 지었다는 전설이 있는데 이것이 도개교를 방어했다. 프랑스 종각장鐘閣匠 에티엔 가렐의 '시계탑'에는 강한 소리를 내는 커다란 종이 걸렸다. 종이 울리면 군대의 광장으로 쓰이는 넓은 안뜰에서 창들이 일제히 일어서곤 했다. 공작은 외국과 이웃과 심지어 자기 신하에게도 위협받곤 하지 않았던가? 두 번째 안뜰은 이보다 좁은데, 도개교와 정원 쪽으로, 또 다른 한쪽은 요새 속의 요새라고 할 수 있는 침입에 대비한 마지막 도피처로서 작은 바위탑이 있다. '보탑寶塔'이라고 부르는 이 건물에 영주의 재물이 숨겨져 있었다. 이것은 전설적이었고 선망을 자아냈다. 양탄자로 덮인 커다란 탁자 위에 금화, 패물, 금목걸이, 보석 박힌 십자가, 사람 크기의 은촛대 등이 즐비했다. 페라라 대사의 말에 따르면, 노루도 뛰어넘지 못할 만큼 높이 쌓인 은화의 산을 보았다고 한다.

공작의 노루들은 어쨌든 이런 시련을 겪지 않았다. 그놈들은 도개교 너머 펼쳐진 방대한 숲의 나무들 사이에서 유유자적했다. 하지만 바람은 문 위에 걸린 역적과 죄인의 능지처참된 사지를 흔들어대고 있었고, 호박琥珀과 사향 냄새를 풍기면서 아름다운 여인과 멋진 신사들은 희귀한 나무에 감탄하거나 꽃이 만개한 화단을 내려다보았다. 바로 이런 것이 당대의 까다로운 감수성과 냉혹함이 완벽하게 뒤섞인 이미지였다.

• 본명은 안토니오 디 피에트로 아베를리노. 1400~1469. 건축가·조각가로 밀라노에 중요한 건물들을 지었고, 건축 이론가로서 방대한 『건축론』도 남겼다.

롬바르디아 귀족의 일부는 궁정 일을 하며 살았다. 170명에 달하는 공무원과 하인이 성에서 식사를 했다. 어떤 조건에서 그 문이 레오나르도에게 열렸을까? 메디치 은행은 밀라노에 그 궁전을 갖고 있었다. 소년기에 루도비코는 카레지에 있는 메디치가의 별장에서 체류하기도 했다. 로렌초 대공이 밀라노를 찾았을 때에 그는 성대한 환대를 받았다. 만약 레오나르도가 실제로 '로렌초 일 마니피코' 즉 대공의 대리인 자격으로 찾아왔다면, 그는 지체 없이 공작의 영접을 받았을 것이다. 그런데 레오나르도가 밀라노에 도착한 모습을 자세히 살펴보면 이는 직업적인 일 때문일 뿐이었다. 모든 점으로 미루어볼 때 그는 공방에서 수련을 쌓으려고 이 도시를 찾았다고 여겨진다. 그는 입성 허가를 받지 못했고 여러 해 동안 애쓴 끝에 영주의 허가를 받았다. 다 빈치가 롬바르디아 땅으로 들어선 것은 성탄절 축제가 막 시작될 무렵이었고 신사들이 모인 자리에서 전설적인 은피리를 부는 대신, 그는 암브로조 데 프레디스의 후의를 받아들이는 데 그쳤다. 수수한 가정의 커다란 성탄절 장작더미 주위에서, 즉 "체포 디 나탈레"〔아기 예수가 탄생한 구유〕 곁에서, 그는 밀라노의 흥미로운 장인들을 알게 되었다.

유명하고 성실하며, 신중하고 조직적인 장인들 무리가 밀라노에서 열심히 일하고 있었다. 증여자나 물주는 그 완벽한 장인들에게 공증인을 앞세워 인물의 구성과 색채와 수와 옷차림과, 그림을 걸어둘 자리와 그 완성 일자까지 일일이 지시했다. 예술작품은 금세공 수법으로 제작되었기 때문에 화려하고 위엄으로 넘쳤다.

다 빈치는 이 색채의 세공사들에게 특이한 인물로 보였다. 그는 그들과 같은 정규적인 작업도 하지 않았고 전통기법을 존중하지도 않았다.

그러나 롬바르디아의 수도에 발을 붙이기 위해, 이 피렌체 사람은 밀라노 공방의 거장과 어떻든 인연을 맺지 않을 도리가 없었다.

암브로조 데 프레디스는 예술가 집안 출신이었다. 그의 동기 베르나르디노는 주화를 조각했다. 배다른 형제인 에반젤리스타는 회화에 전념했다. 또 다른 형제 크리스토포로는 이렇게 수사본 삽화가와 주조공 사이에서 성장했다. 그의 예술에서 그 점을 느낄 수 있다. 금속 표면처럼 치밀한 그의 그림이 루도비코 일 모로 같은 거친 관리자의 마음에 들었을 듯하다.

1482년부터 암브로조는 루도비코를 위해 일했다. 페라라 공작부인과 일 모로의 조카딸 비앙카 마리아 스포르차, 그리고 막시밀리안 황제를 위해서 일하면서….

궁정의 후의 덕분에 프레디스는 이 도시에서 큰 신용을 얻었다. 레오나르도 다 빈치도 암브로조와 그 형제 에반젤리스타와 동업으로 중요한 주문을 따냈다. "이마콜라타 콘체치오네" 수도회〔동정녀 무염시태를 신봉하는 수도회〕에서 경비를 댄 밀라노 산 프란체스코 성당의 제단화였다. 수도원장과 예술가들은 매우 상세한 계약을 맺었다. 예술가들은 1483년 12월 8일, 즉 '동정녀 무염시태' 축제까지 작품을 완성시켜야 하며, 2백 두카토, 즉 8백 리라를 지급받기로 했다. 하지만 수도원장은 인색했고 화가들은 굶떴다. 암브로조와 동료들은 작품을 제때에 끝내지 못했다.

지금은 파괴되고 없는 이 산 프란체스코 성당은 성 바로 근처에 있었다. 사람들은 분명 공작의 비호를 받는 이 소수파 수도승을 위해 준비 중인 제단화에 대해 말이 많았을 것이다. 수도사와 화가의 갈등, 특히 군사 기술자 자격으로 일하려고 루도비코에게 서한을 띄웠던 피렌체 출신의 레오나르도에 대해서도.

이 피렌체 화가는 건축가로서의 계획을 포기하지 않는다. 그의 수첩은 성당과 성의 도안으로 가득하다. 그는 밀라노 대성당 원개 공모에서 수상했다. 또 그는 당대의 가장 거물 건축가였던 우르비노 출신 도나토 단젤로, 즉 브라만테와도 친교를 맺었다.

이 우르비노 사람은 얼마나 대단한 인물이던가! 그는 건축에 음악의 감각을 심어놓았다. 그의 홍예와 날씬한 원주는 그윽한 리듬을 자아낸다. 벽돌과 테라코타가 기분 좋게 어울리고, 다채색 띠로 수놓은 은밀한 장식은 시선을 간질인다. 바로 이 사람이 성의 '보탑'을 완공시키지 않았던가. 그가 지은 것은 모두 명쾌하고 조화로우며 섬세하고도 장엄하다. 이 사람은 비용*처럼 방랑자 기질이 있었다. 그는 풍자시를 즐겨 지었다. 그 시 한 편에서 그는 니스에서 귀향하는 길을 추적하고 있다. 누더기 각반을 차고서, 무일푼으로 그는 대로상의 강도들을 너털웃음으로 반길 준비가 되어 있었다!

극도로 까다로운 이 예술가는 다소 상스러운 모습에도 불구하고, 그토록 내성적이면서도 돋보이는 다 빈치와 스스럼없이 어울렸다. 다 빈치는 브라만테의 이름을 애칭으로 줄여서 "도니노"라고 불렀다. 두 사람은 똑같은 정신적 호기심과, 똑같은 명쾌함과, 빛과 넓은 지평과, 똑같이 너그러운 감정을 지니고 있지 않았던가? 브라만테는 1476년부터

• 프랑스 음유시인 프랑수아 비용.

줄곧 밀라노 궁정에서 일해왔고 어떤 직업적 시기심도 없이 이 친구의 뛰어난 기술자로서의 적성을 윗선에 천거하는 데에 이바지했다.

1490년부터 브라만테와 마찬가지로 레오나르도는 공작의 기술자들 사이에 모습을 나타낸다.

두 사람은 훌륭하게 서로를 보완했다. 피렌체 사람은 상상이 풍부했고 우르비노 사람은 추진력이 강했다.

우리로서는 그들의 협력이 어느 정도였는지 자세히 알지는 못한다.* 밀라노 밖에는 루도비코가 중요한 공사를 맡겼던 파비아와 비제바노라는 두 도시가 있다.

파비아는 롬바르디아의 가장 멋진 도시로서, 티치노 강변을 따라 종루와 품위 있는 사람이 살고 있음을 알려주는 정방형의 높은 탑을 올린 중세의 벽돌집들이 펼쳐지고 있었다. 아마데오*는 당시의 취미에 따라 둥근 지붕을 올리고 싶어했다. 브라만테는 그 임무를 수행했다. 여기에 레오나르도도 가세했다. 그의 수첩에서 이 둥근 지붕을 위한 스케치를 무수히 찾아볼 수 있다.

1490년 여름, 한 무리의 건축가들을 실은 마차 행렬이 대성당 작업을 감독하러 파비아로 들어섰다.

- 브라만테는 1492년부터 1498년까지 밀라노, 산타 마리아 델레 그라치에 수도원 안 뜰과 후진을 지었다. 레오나르도는 이 성당 식당 건물에 1494년부터 1498년까지 유명한 벽화 「최후의 만찬」을 그렸다.
- 조반니 안토니오 아마데오, 1447∼1522. 파비아 출신 조각가 · 건축가. 특히 그의 고향에 있는 체르토사 수도원 대성당에 걸작을 남겼다.

그 중에는 레오나르도, 프란체스코 디 조르조 마르티니도 끼어 있었다.

이 시에나 사람은 함께 여행한 레오나르도와 마찬가지로 평판이 자자했다. 그는 건축가이자 조각가요 화가였다. 그는 약간 여성적이며, 너무나 많은 사람이 꿈꾸었을 처녀를 닮은 천사로 가득한 감미로운 그림들을 남겼다. 이 두 사람은 아주 우연히 만났다.

레오나르도와 브라만테의 우정은 오래 지속되었다. 그것은 비스콘디가에서 세운 파비아 성 공사에서도 과시되었다. 정방형의 고대 건물로서 네 개의 탑이 붙은 이곳에서 얼마 전부터 롬바르디아의 정통 군주 잔 갈레아초 스포르차가 기거하고 있었다. 루도비코는 이 하찮은 청년 군주를 빌로드로 짠 무쇠 손에 쥐어틀고서, 조카의 이 처소를 장식하는데 아무것도 아끼지 않았다. 특히 나폴리 공주, 이사벨 다라곤과 조카가 혼인하고 나서부터 그렇게 했다.

그런데 루도비코는 자기 고향 비제바노를 유난히 아꼈다. 비앙카 마리아 부인은 1451년 8월 비제바노의 농촌에서 밀라노 시장에게 이렇게 알리지 않았던가.

"오늘 밤 두 시쯤, 훌륭한 사내아이가 나왔소."

이 사내아이가 바로 루도비코였다. 열두 명의 자녀를 자랑스러워하던 우악스런 "촌뜨기"로서 농부의 손자였던 공작은 이 로멜리나〔밀라노 남서쪽 비제바노 인근〕의 쾌적한 자리에서 땅에 대한 본능을 되찾았다. 그는 억척스럽게 영지를 가꾸어나가면서 늪지를 옥토로 개간하고 관개를 완비하고, 농장을 건설했다.

브라만테는 도시와 성을 재정비하는 일을 맡았다. 그는 장터를 멋진 홍예로 덮었다. 또 고대의 인물상을 재현한 테라코타 원형부조로 벽을 꾸몄다. 성의 네 귀퉁이가 둘러싼 광장에는 높은 탑을 세웠다. "로세트" 성은 네 귀퉁이로 광장을 둘러싼 형태로 높은 탑을 올렸다. 브라만테가 가벼운 벽기둥으로 지지한 작은 주랑으로 이어놓은 다리를 통해서 이 튼튼한 요새로 접근할 수 있었다.

별채에—물론 화재의 위험을 피하기 위함이다—공작의 마구간이 자리 잡고 있었다. 마구간은 대리석 기둥에 말 3백 필을 묶어둘 수 있었다. 같은 재질의 작은 원기둥에 안장을 걸어놓았다. 요즘은 참을성이 많은 노새들이 이 궁전에서 졸고 있다. 그곳에서 순수한 혈통의 울음소리를 들을 수 있다. 왜냐하면 비제바노는 지금은 병영으로 쓰이고 있기 때문이다. 그런데 소박한 선으로 구성된 건축의 몇몇 자취는 이 영주 거주지의 오래된 영광을 상기시킨다.

비제바노 건축에서 레오나르도의 역할이 어느 정도였는지는 확인하기 어렵다. 어쨌든 1492년부터 1494년까지 브라만테가 피렌체에서 로마로 출타해서 부재중이었을 때, 레오나르도가 공사 총감독을 대신했던 듯하다.

이런 자리에 있으면서 그는 잠시 아름답고 비옥한 이 지역을 둘러보았을 것이다. 그곳에서 맑은 개울이 풀밭을 적시고, 대기는 은은하게 빛나며, 잎사귀들은 우아한 아가씨들과 더불어 몸을 흔든다. 이런 평화로운 분위기에서 그 목가적인 언덕이 살아난다. 그는 친구들과 새들을 즐겁게 주시한다. 언제나 그렇듯이, 눈에 보이는 것과 생각하는 것은 그의 두뇌에서 동시에 떠오른다. 그는 둥지 속의 할미새를 그리면서 이런 글을 덧붙인다.

"생각은 희망도 없이 바뀐다…"

한가할 때면 그는 우화를 지으며 즐긴다. 수첩은 "비제바노에서 쓴 글"이라고 시작된다. 또 그다음 쪽에서는 "비제바노 포도밭, 1494년 3월 20일"이라고 적혀 있다.

레오나르도의 수사본(노트)에는 건축과 분수와 "오르티치노" 즉 벽으로 둘러싸인 작은 정원을 그린 스케치가 가득하다. 어쨌든 이런 그림이 파비아인지 비제바노인지 아니면 밀라노에서 그려진 것인지 확인하기란 까다로운 문제다.

레오나르도는 밀라노 성을 개조하고 싶은 야심을 품었다. 필라레테가 지은 탑 대신에 그는 일종의 거대한 돛대처럼 도시를 지배하는 것을 세우고 싶어했다. 즉 "에펠탑" 같은 것 말이다. 그는 공작부인의 목욕탕을 위한 별채를 설계하고 있었다. 그러나 이 계획도 도시계획에 대한 방대한 구상과 마찬가지로 생각으로만 그쳤다.

수도를 아름답게 꾸미려는 생각에서 공작은 구시가지를 재개발하고 새로운 도로를 건설하자고 했다. 레오나르도는 노후한 골목의 비위생적인 난잡함을 가옥의 높이만 한 폭의 길로 정비할 생각이었다. 이런 도시계획에 대한 밑그림에는 다음과 같은 글이 들어 있다.

"지체 높은 사람이 사는 위쪽 길로 마차가 드나들지 않아야 한다. 평민과 마차와 짐승은 아래 동네로 다녀야 한다."

건축가와 장식미술가의 다재다능한 욕구 이상으로 레오나르도는 또한 공작을 위해서 고상한 축제를 조직하기도 했다.

루도비코는 궁정의 행사와 오락 경비를 자비로 충당해왔다. 잔 갈레아초가 이사벨라 다라곤과 혼인할 때, 벨린초니는 피로연에 앞서 치를 잔치를 위한 책자(의궤의 일종)를 작성했다. 레오나르도는 장식을 맡았다.

이 「천국의 축제」의 글은 당시의 궁정 신화의 정신을 따르고 있다. 유피테르는 이사벨라를 보러 지상으로 내려가겠다고 별들에게 고한다. 아폴론, 마르스, 메르쿠리우스가 그를 수행한다. 이 흥미로운 올림포스 신들은 멋진 연설을 한다. 베누스(금성)와 달이 여기에 화답한다. 요정과 삼여신과 일곱 가지 미덕의 우상들이 노래하기 시작한다. 올림포스 신들의 이런 혼성곡이 끝난 다음, 별들은 커다란 원무圓舞에 들어간다. 각 별이 새색시 앞으로 나서면서, 벨린초니가 작곡한 음유시를 읊었던 여가수를 등장시키며 활짝 피어난다.

「별들의 춤」은 열렬한 갈채를 받았다. 군주의 사례를 따라 그 국쇄상서* 발라사레 타코네는 레오나르도에게 유피테르와 다나에의 사랑을 주제로 한 희극의 연출을 맡겼다. 이 희극은 1496년 봄에 일 모로의 사생아 비앙카 스포르차의 남편인 유명한 군지휘관 갈레아초 데 산 세베리노 백작의 저택에서 공연되었다.

이 구경거리의 백미는 레오나르도가 제작한 세련된 기계였는데, 이것 덕분에 별로 분장한 다나에는 하늘 높이 사라질 수 있었다.

이런 즉흥적 작업 외에도 더 오래가는 작업이 뒤를 이었다. 파올로 조비오*에 따르면, 레오나르도는 그 성에 황금외투를 걸친 여왕의 모습

---

* 총리 또는 대법관에 해당되는 최고위직 관리.

으로 이탈리아를 표현한 프레스코 벽화를 그렸다. 그 여왕의 뒤로 무어인 마부로 루도비코가 서 있다. 총의 꽂을대를 손에 들고서. 꽂을대는 공작의 상징물이었다.

끝으로 성에 "일인자의 방"이라고 명명한 장식 판자로 꾸민 방에서 다 빈치는 이상한 장식을 그렸는데—신중하지 못한 복원으로 심하게 훼손되어 유감이다—일종의 노끈으로 꼬아 엮은 요람이었다. 아마 구두를 만드는 제화 수도회가 이런 동기를 제공했을지 모른다. 구세주께서 수난 당하던 밤에 묶였던 포승줄에 대한 추억으로, 프랑스 왕 샤를 8세가 사망했을 때 〔과부가 된 왕비〕 안느 드 브르타뉴가 창립한 수도회였다.

다 빈치의 견적서가 다른 계획과 장식에 대한 정보를 준다.

"24편의 로마 이야기, 각 14리라.
철학자들, 일인당 10리라."

다 빈치가 이런 무대와 초상으로 꾸민 곳은 당시 연대기 작가의 기록을 보면 고성이었다. "이 세상에서 가장 유익한 장소인" 총안을 가설한 탑들이 붉은 벽돌로 쌓은 옹벽 위로 솟아 있었다. 그 그늘 속에서 생활하는 여인들은 바위틈에서 삐져나온 깜찍한 꽃 같아 보였으리라.

• 영국인 추기경으로 본명은 폴 조브. 가톨릭 종교개혁을 토의한 트렌토 공의회에서 중요한 역할을 했다.

베아트리체 데스테 공작부인은 아름다웠다. 그녀의 수입은 막대했고 또 터무니없는 사치를 누렸다. 금실로 짠 드레스와 침구에, 진주로 수놓은 두건 장식….

그녀는 보석을 정말로 숭배했다. 1491년에 그녀는 밀라노 영주들과 대사들에게 부인을 동반하게 해서 성의 보물창고를 구경시키고 그 패물에 감탄하도록 초대하지 않았던가?

이 안주인의 뒤를 이은 여인은 체칠리아 갈레라니였다. 1481년부터 1494년까지 공작을 사로잡았던 애인이다. 그녀는 그의 관용 덕에 사로노의 토지와 밀라노에 궁전 한 채를 받았다. 이 세련되고 학식 있던 여인은 예술가를 후원했다. 그녀는 직감으로 레오나르도를 알아보았다. 그런데 「체칠리아 부인」의 초상 작업에는 상당한 알력이 개입했다고 생각해야 한다. 어떤 여자인들 자기 모습을 후손에게 남기려 하지 않겠는가? 체칠리아도 예외일 수 없었다. 다른 한편 1498년에 이사벨라 데스테에게 이 초상을 보내려는 우송장에 이런 내용이 들어 있었다.

"초상이 저를 더 닮았으면 기꺼운 마음으로 보내드렸을 텐데요. (…) 어쨌든 그렇게 실물과 닮지 않은 것은 화가의 잘못은 아니랍니다."

당대의 초상화가는 종종 자기 모델과 얽히곤 했다. 물론 레오나르도 또한 자신을 위해 포즈를 취한 이 귀족 부인의 교태를 모르지는 않았다. 그러나 그는 모른 척하고 말았다.

미녀에 아첨하지 않는 이런 초연한 태도 때문에 화가는 더는 주문을 받지 못했을지 모른다. 그런데 당대에 한 시인의 노래 덕분에, 그가 루크레치아 크리벨리라는 모델을 구했다는 사실을 알 수 있다. 그녀는 체칠리아 갈레라니 다음에 루도비코의 총애를 받은 여인이다.

그가 영주를 그리기는 했을까? 그럴 만하다. 레오나르도가 여기저기 돌아다니던 중에 그림과 소묘에 대한 이야기를 적어놓은 수첩이 있기 때문이다.

"꽃의 소묘, 공작의 두상 스케치"

이렇게 레오나르도는 궁정에서 건축가요 장식미술가, 화가로서 생활했다. 그것으로 생계를 해결했다. 그렇지만 그는 지식에 대한 갈증으로 열을 앓았다.

레오나르도는 이탈리아─라틴어 사전을 구입한다. 그는 해부학 연구에도 몰두한다. 수첩에는 이렇게 적었다.

"1489년 4월 2일 날, 인체라는 제목으로 책을 쓰기 시작하다."

파비아는 그의 지적 생활에서 중요한 자리를 차지한다. 이 테센 강변의 소도시에 볼로냐, 파도바와 견줄 만한 유명한 대학이 있었다. 교수들 중에 뛰어난 인물도 많았다. 밀라노 사람 파초 카르다노는 신비학은 물론이고 법학, 의학, 수학을 가르쳤다. 그는 타락한 생활 때문에 두 차례나 감옥생활을 했다. 사람을 싫어했기 때문에 그는 수학에 탐닉했는데, 이는 동료들과 논쟁을 벌이던 능변의 수사학자였으나 군주 앞에서 무릎을 꿇어야 했던 조르조 메룰라를 보는 듯하다. 명강의로 유명해서 대학에서 일세를 풍미했던 마를리아니 일파의 덧없는 영광을 상기해볼 수도 있다.

의사들 중에서 해부학자 마르코 안토니오 데라 토레는 엄격한 과학을 대변했다. 암브로조 디 로사테는 반대로 이해관계에 얽히고 음흉한 임상의였다. 그는 영주의 주치의였고 그 점괘도 봐주었다. 이런 역할로 그는 영주의 대단한 신임을 얻었고 또 엄청난 축재를 할 수 있었다.

일시적인 명성을 날린 인사 중에 주목할 만한 사람도 있다. 루카 파치올리라는 수도사가 그렇다. 이 사람은 후손까지 위신과 광영을 전혀 의심받지 않았던 대단한 수완가 계급 출신이다. 세기 중엽에 보르고 산세폴크로[우르비노 지역]에서 태어난 그는 방랑하는 지식인 생활을 하면서 이 궁정 저 궁정, 이 대학 저 대학을 전전했다. 그는 혈기 넘치는 백과사전적 인물로, 민간과 교부에 생동하는 민중의 언어로 과학을 설교했다.

나폴리 박물관에는 1495년작의 그림 한 점이 있다. 이는 분명 우르비노 출신 누군가의 작품이다. 우르비노 공작 귀도발도에게 기하학을 가르치는 모습의 건장한 수사를 보여준다.

파치올리는 곧 더욱 중요한 제자를 만나게 되었다. 즉 루도비코 일모로를. 그는 자신의 책『신성한 비례』를 루도비코에게 헌정했다.

공작은 예술과 학문 수호에 열을 올렸다. 그는 사신을 피첸체와 로마에 파견해서 고대 석상을 수집하게 했다. 그는 학술서의 헌정을 기꺼이 받아들였다. 그의 이름은 니콜라스 스키알라초라는 사람이 라틴어로 번역한 콜럼버스 2차 여행기의 서두에서도 등장한다.

루도비코는 파치올리가 무거운 주제를 다룬, 성에서 조직한 학술 토론회도 주재했다. 1498년 2월 4일에 산타 마리아 델레 그라치에 수도원에서 개최한 토론회에는 다음과 같은 인물이 참석했음을 알 수 있다. 암브로조 다 로사테, 파비아 대학교수 알비세 마를리아니와 가브리엘레 피로바노, 의사 니콜로 쿠사노와 안드레아 나바레세, 건축가 자코포 안드레아 페라라, 밀라노의 군사령관 갈레아초 산세베리노, 레오나르도 다 빈치.

파치올리는 레오나르도의 여러 면모를 증언했다. 그는 레오나르도를 "우리 시대 회화의 군주"라거나 "새로운 것의 끈질긴 발명가"라고 하지 않았던가?

일 모로는 뛰어난 인물들에 둘러싸여 있다는 데에 대단히 자랑스러워했으리라. 그가 이런 사상적 충격을 상당히 즐겼는지 아니면 애인이나 애마 생각을 하면서 건성으로 듣고 있지는 않았는지 확실치 않다. 어쨌든 그는 이 학술적 담화를 용감하게 지원했다. 자신의 이마에 학문 구호자의 화관을 쓰는 영광을 위해서 말이다.

궁정의 사서 편찬자 베르나르디노 콜리오는 "아카데미"라는 과장된 말로 이 모임을 치켜세웠다.[3] 나중에는 레오나르도 다 빈치 아카데미라는 공상까지 등장시켰다. 사실 예술가는 이 박식한 모임에 속했다. 그렇지만 특별한 제자 몇을 제외하고서 그 자신이 학파라고 할 만한 것을 이끈 적은 없었다. 게다가 예술교육 기관을 가리키는 "아카데미"라는 표현은 신조어였다. 당대인들은 이런 학교를 보통 "보테가"라고, 다시 말해서 가게(또는 공방)라고 불렀다.

가령 레오나르도 아카데미라는 것이 신화에 불과하다면 이 박식한 모임은 어쨌든 그를 학술적 탐구의 길로 접어들게 하는 데 이바지했다.

루카 파치올리의 이야기는 뿐만 아니라 멀리 환상적인 고장에 대한 관심도 일깨운다. 이 정력적인 프란체스코회 수사는 지중해와 아시아까지 돌아다녔다. 다 빈치는 상상으로 과거 베누스의 고향인 키프로스 섬까지 그를 쫓기도 했다. 화가는 이 섬의 해안은 "선원들의 최후의 심판"을 기다린다고 하는 난파선들로 덮여 있다고 수첩에 적어놓았다. 그의 시선은 신비스런 오리엔트로 날아간다. 그는 수첩에 소아시아 지방을 묘사해두기 좋아했다. 당시 널리 유행하던 이런 호기심 때문에 레오나르도가 오리엔트 여행을 시도했었다고 믿었던 문인들도 있다.

그는 기본적으로 밀라노에서 장인과 연금술사 생활을 병행했다. 부지런히 일하고 열심히 사색하는 생활이었다.

그는 밤마다 지금은 잊힌 심오한 책들과 과학의 낙엽들(죽어버린 문서)을 탐독했다! 그는 통찰력 깊은 비평정신으로 이것들을 탐구한다. 그는 이론가는 아니지만 경험을 중시한다. 그는 이렇게 적었다.

"감각을 거치지 않는 정신적인 것은 공허하며 아무런 진리도 내놓지 않는다. 오직 허구만을 내놓을 뿐이다. 이런 담화는 정신적으로 빈곤한 사람에게나 샘이 될 뿐이다."

그의 지성의 발전 단계는 원고를 통해서 알 수 있다. 왜냐하면 이 화가는 형태만이 아니라 사고도 재빠르게 낚아채기 때문이다.

그의 원고에서는 거대한 것과 사소한 것이 공존한다. 이것은 가계부이자 일상의 기록이며, 책에 대한 소감을 적어두거나, 머릿속에 떠오른 모든 것의 독백이기도 하고, 이러한 빛나는 지성의 해명이거나 혹은 당대 가장 대담한 사상가의 성찰이고, 결국 수학과 기계와 수리(관개) 등 과학의 선구자로서 이바지한 탐구와 발명을 했던 그를 보여준다.

그는 아포리즘을 즐겨 차용하면서 간결한 문체로 자연스런 웅변으로 열렬하게 자신을 표현한다.

공간 속에서 살고 있는 이 사상가는 거대하게 고양된 감정으로, 별처럼 높은 곳에서 영주의 인간적 결함을 얼마나 경멸하던가, 즉 황금을! 그는 이렇게 썼다.

"얼마나 많은 황제와 군주가 아무런 기억도 남기지 않고 사라졌던가. 그들은 나라를 독점하고 치부致富하는 명성만 남기길 바랐기 때문이다. 풍요로운 미덕을 쌓으려고 청빈하게 산 사람이 대체 얼마나 될까? 재물은 그것을 쌓은 사람의 사후에 그를 명예롭게 하지 않는 것을 보지 않던가? 그런데 학문은 항상 그것을 지은 자의 증언이자 나팔이다. 학문은 그것을 낳은 자의 자식이지, 금전처럼 사생아가 아니기 때문이다."

그는 자신이 냉소를 씹으며 힐책하는, 잘난 척하고 무식한 딜레탕트에 대해서도 관대하지 않다.

"종종 예술작품을 손에 넣은 사람을 보면, 나는 그가 원숭이처럼 거기에 코를 디밀고 뭐 먹을 것이 없나 찾고 있지 않은지 궁금해진다."

군주와 부자들에게 아첨하고 독재자의 극악무도를 칭송하는 인문주의자의 말투와는 완전히 다르다. 레오나르도는 수첩에 이렇게 적었다.

"자유를 잃느니 차라리, 죽음이 낫다!"

자유에 대한 그의 염려는 사람에 대해서도 한결같았다. 새 사냥꾼의 가게 앞을 지나면서 그는 돈을 주고 새장에서 새를 꺼내고서 날려 보냈다. 일찍이 성자 레오나르도이자 해방자로서, 분명히 이와 같은 몸짓을 보여주었다.

그는 모든 점에서 그토록 맹렬한 자립정신을 보였을까? 바사리는 그가 "기독교도라기보다 철학도"라고 답한다.

그런데 때때로 무지에 대한 고민과 인간 이성의 나약함에 대한 의식으로 그의 시선은 이 땅에서 저 높은 초자연적인 세계를 올려다보곤 한다. 심장을 그린 그림 밑에 그는 이렇게 썼다.

"지고의 주인께서 발명한 경이로운 도구."

그는 사십대를 넘어서고 있었다. 묶은 머리에 백발이 섞이기 시작했다. 보통 사람들 누구나 겪는 사소한 불행이 그에게도 예외는 아니었다. 즉 콧등에 안경을 걸쳤다.

그의 사생활의 자세한 부분은 잘 알 수가 없다. 그저 일화나 알 수 있을 뿐이다. 1493년에 카테리나라는 여인이 그의 집에 와서 살았다. 그녀는 그 이듬해에 사망했다.

빈치의 포도밭에서 일했던 그의 어머니가 사망한 것은 아니다. 왜냐하면 화가의 수첩에는 "카테리나 장례비"라고 적혀 있기 때문이다. 만약 그의 어머니였다면, 그는 "내 어머니 카테리나"라고 써야 마땅하기 때문이다. 그런데 이 카테리나는—헌신적인 하녀이자 정부情婦—그의 집에서 중요한 자리를 차지했음직하다. 왜냐하면 그는 대단히 예의를 갖춘 장례식을 치러주었기 때문이다.

습관대로 그는 지출을 꼼꼼하게 기록했다. 가장 큰 것은 양초 구입에 27솔디, 신부 4명과 교부 4명에게 20솔디를 지출한 것이다. 종鐘은 불과 2솔디였다. 의사에게도 같은 액수를 지불했다.

이런 작은 내면적 사건에서 프로이트 박사는 깊은 인상을 받았다. 그는 이 카테리나라는 여인이 예술가의 생모라고 상상하면서 놀라우리만치 무모한 결론을 끌어냈다. 이 정신분석의 창시자는 레오나르도가 이 카테리나만 제외하고서 여성을 육체적으로 혐오했음을 입증했다고 주장한다. 그는 그 증거로 성교 중의 한 쌍의 남녀를 그린 해부도 몇 장을 지적한다.[4] 이 탁월한 박사는 남성의 권태로운 태도에 놀랐고 또 거기에서 레오나르도는 성적(본능의) 기능을 아주 불쾌하게만 상상했을 것이라는 결론을 내렸다.[5] 그런데 이런 상황에서는 가장 가벼운 본능으로도 심각한 순간을 낳는 근육의 수축이 이루어진다는 점을 상기하는 편이 좋겠다. 우리는 거기에서 레오나르도의 여성 혐오에 대한 어떤 자취도 보기 어렵고 오직 그의 예리한 관찰을 보게 될 뿐이다.

그와 같은 순간보다 더 감각을 충족시키기에 좋을 때는 없다. 뿐만 아니라 우리는 이런 몸짓을 나뭇가지에서 오렌지를 꺾는 몸짓보다 더 중시하지 않던가…. 그러나 열정에 사로잡히는 영원한 욕구가 레오나르도 같은 기질의 인간에게 낯설 수는 없는 것이다. 섬세한 여성적 용모를 지닌 이 화가는 자기 삶에서 여성을 배척하지 않았다. 그런데 이 위대한 고독자가 여인을 만나게 되었던 곳은 밀라노가 아니다.

한편 그의 수첩 갈피에는 이런 기록도 있다.

"열렬한 정신이 사치를 쫓아버린다."

그런데 학문 탐구에 열중하던 바로 이때, 그는 큰 임무에 몰두하고 있었다.

그의 명성은 커갔다. 애호가들이 감탄하면서—특히 일 모로의 처형 이사벨라 데스테—밀라노에서 레오나르도의 사정은 한결 좋아졌다. 어쨌든 그는 궁정 조신이 아니었던 만큼 롬바르디아의 군주를 냉정하게 평했다. 그는 수첩에 이렇게 적었다.

"일 모로는 그 자신만큼이나 정의에 깜깜하다."[6]

그런데 차츰 이 군주는 그 피렌체 예술가가 시내 공방에서 작업하는 화가들보다 월등하고 이 사람이 자기 집을 빛낼 능력이 있다고 생각하기 시작했다. 공작은 권력과 여자와 진주 다음에 명예에 마음을 조였다. 이렇게 그는 레오나르도에게 자기 아버지 프란체스코 스포르차의 기마상을 주문했다.

이 주문은 1489년에 나왔다. 예술가가 롬바르디아에 도착한 지 7년 만의 일이다. 그러나 그는 자신이 오래전부터 꿈꾸었던 작품에 아직 완전히 몰두할 수 없었다. 그는 진작부터 빠듯하게 의무적인 일감에 붙잡혀 있었다. 산 프란체스코 성당 제단화도 아직 끝내지 못했다. 화가와 수도승에게 끈질기게 논쟁거리가 되었고 오직 특별한 애호가 몇 사람만이 그 미완의 와중에서도 알고 있었던 제단화 말이다.

신부들은 불평하는 잘못을 저질렀다. 분명히 난산이었다. 화가는 얼굴과 손만 빼놓고서 화면을 금박으로 채색한다고 명시한 계약 조건에 아랑곳하지 않았다. 성상聖像 대신, 레오나르도는 시원한 이마에 갸름한 얼굴, 섬세한 턱을 지닌 여인이 된 일종의 천사를 그렸다. 그녀는 달이 높이 뜬 풍경 앞에서 반짝이는 종유석이 달린 현무암 동굴 한복판, 맑은 샘물가에 앉아 있다. 눈을 내리깔고서 아들의 어깨를 쓰다듬는 손은 모정을 드러낸다. 무릎을 꿇은 천사는 이 행복한 모성의 광경에 감동한 순결한 수녀처럼 보인다. 그녀는 어린 세례 요한의 어깨에 손을 얹고서 그에게 신성한 아기를 손으로 가리킨다. 레오나르도의 작품에서 아기는 매우 중요하다. 아버지가 주는 기쁨을 전혀 몰랐던 이 사람은 어린 아기에 줄기찬 관심과 집착을 보였다. 그 꿰뚫어보는 안목 속에 담긴 부드러움을 느낄 수 있다. 화가는 이런 두 아기를 둘러싸고 있는 모든 것에 이와 같은 감정을 전한다. 꽃, 야생초, 범의귀…. 이 작품의 분위기에서 현실과 꿈은 뒤바뀐 듯하다. 발자크[소설가]는 나중에 "인생의 꽃"이라고 썼다.

레오나르도가 콘체치오네 성당에서 프레디스 형제와 이 그림을 시작했을 때, 암브로조가 지휘를 맡았다. 그러나 이 롬바르디아 노인은 이 조수의 우월성에 감복하고서 그의 스승이 아니라 제자가 되었다. 노인이 그린 것으로 지금은 런던에 있는, 옆의 판자화에서 음악을 연주하는 두 천사는 레오나르도의 밑그림을 따라 그렸을 듯하다.

산 프란체스코의 작업 이외에도 궁정 건축가 자리에 많은 시간을 쏟아야 했다. 공작은 참을성이 없고 까다롭게 굴었다. 게다가 임금은 쥐꼬리만 했고 그 지불도 들쑥날쑥했다. 브라만테, 벨린초니, 레오나르도 등 밀린 임금에 당혹한 이들은 서무의 인색함과 지체를 운문과 산문으로써 불평했다.

피렌체 사람 레오나르도는 열악한 조건을 위대한 정신적 함양으로 견뎌냈다. 그의 알고자 하는 열의는 해가 갈수록 뜨거워지기만 했다. 이 보편적 호기심은 그림 그리는 일에 방해가 되었다. 그림 그리는 작업은 그를 성급하게 만들었다. 붓을 잡기는 여간 어려운 일이 아니었다. 그러나 그는 붓과 연필을 절대 놓지 않았다. 그는 숨 쉬듯이 글을 쓰고, 그림을 그렸다.

주말이면 그는 공중목욕탕을 찾아가서 나체를 그렸다. 이 세상에서 그가 놓칠 것은 아무것도 없었다. 그러면서도 그는 종종 하늘로 눈길을 돌렸다. 그의 수첩에서 다음과 같은 것을 읽을 수 있다.

"야무지고 묵직한 달…
달은 잘 지내고 있는지."

그는 일하는 걱정과 앎에 대한 열병과 창조의 본능 사이에 꼬여 있었다. 휴식 시간에도 그는 마음속에서 끊임없이 무엇인가를 만들어냈다. 그는 이렇게 썼다.

"밤의 침묵 속에서 당신이 연구한 것을 되돌아보라. 머릿속에서 낮에 보았던 형상의 윤곽을 그려보라. 거기에서는 지성의 작업이 수공과 협력하지 않는다. 거기에 예술가는 없다."

공작의 화가가 연구에 대한 열정과 「암굴의 성모」의 완성과, 스포르차 기념비 건립에 대한 걱정 사이에서 오락가락하고 있을 때, 이 오랜 비극이 마침내 성에서 막을 내렸다.

루도비코와 조카 잔 갈레아초의 왕권 다툼은 잔인하지도 않았고 멜로드라마의 벼락을 치는 효과도 없었다. 그것은 미묘하고 복잡하기 짝이 없는 끈질긴 투쟁이었다.

삼촌은 조카를 조심스럽게 다루면서 세속적 예절을 결코 어기지 않았으며, 합법성을 가장한 태도에서도 결코 벗어나지 않았다. 이 거친 행동가는 법을 흔들지 않으려 했다. 그는 비적법성을 가려내는 실질적인 신학자들로 구성한 법률 고문단의 음모를 동원해 이 문제를 풀어가는 편을 택했다. 겉으로는 평온해 보였다. 루도비코는 이른바 잔 갈레아초를 위해 통치했던 반면, 몸도 마음도 유약한 이 순진한 청년은 파비아에서 방탕한 나날을 보냈다.

한편 조카는 이사벨라 다라곤과, 삼촌은 베아트리체 데스테와 각각 혼인하면서 이 두 야심적인 여인의 만남으로 밀라노 궁정은 긴장에 휩싸이게 되었다. 남편의 유산을 되찾으려고 이사벨라는 나폴리의 친정을 염두에 두었다. 루도비코는 이 게임을 눈치 채고서 샤를 8세를 이탈리아로 끌어들여 아라곤 가문의 세력을 꺾으려 했다. 이 프랑스 왕은 파비아에 들러 이사벨라를 공식 방문했다. 그러나 젊은 잔 갈레아초는 그를 영접하려고 말에 올라탈 때부터 창백했다. 견딜 수 없는 흉통으로 그는 고삐를 놓고 말았다. 결국 그는 사망했다. 1494년이었다.〔잔 갈레아초의 부계는 비스콘티 가문이지만, 모계는 프랑스 왕족이다.〕10월 22일에 사망한 그의 나이는 불과 스물여섯 살이었다. 이때 이른 죽음은 삼촌 루도비코의 음모라고 알려졌다. 역사가 귀차르디니는 『이탈리아 역사』에서 이렇게 말했다. "잔 갈레아초가 고약한 성병 때문에 죽었다는 소문이 나돌았다. 하지만 성병도 어떤 병도 없었고 대부분의 사람은 독살되었다고 믿고 있다. 왕실 의사가 그 점을 확인했다."

3년 뒤 이번에는 승승장구하던 그의 경쟁자 베아트리체의 차례였다.

그녀는 임신 중이었다. 아침에 그녀는 산타 마리아 델레 그라치에에서 기도를 드렸다. 그녀는 저녁에 춤을 추었다. 그러고는 밤중에 사망했다.

이런 돌연한 종말은 밀라노 민중을 경악케 했다. 사람들은 밤중에 성 위로 거대한 불길이 치솟았다고 수군거렸다―스포르차 가문에게 불길한 징조라며.

매일, 공작은 산타 마리아 델레 그라치에 도메니코 수도원을 찾아 베아트리체의 무덤에 기도했다. 그 동네는 "보르고 델레 그라치에"라는 이름을 붙였다. 공작은 성과 가까운 이 그라치에 지역의 땅 대부분을 사들였고 정원이 딸린 공관을 자신의 사냥꾼 델라 텔라에게 선물했다.

공작의 민병대장 가스파르 비메르카테 백작은 수도원에 보시해온 사람이었다. 그가 사망하고 나서 군주는 직접 성당 건설을 지휘하면서 브라만테를 불러 장식을 맡겼다. 1492년부터 브라만테는 동쪽 후진의 재건축에 착수했다.

이 건축가는 창의력이 다양하고 매우 유연했던 만큼, 내진 위로 거대한 팔각형 원개를 올리고 거기에 매력적인 둥근 기둥으로 받친 홍예문 형식으로 트인 회랑을 곁들였다. 원형부조*는 고대풍이었고 후진은 왕관 형태였다. 타원형 천창天窓은 레오나르도가 좋아하던 매듭장식을 보여주었다.

일 모로는 이 도메니코 수도원을 찾을 때마다 이 황갈색 벽돌의 보물이 완성되어가는 모습을 흐뭇하게 바라보았으리라. 그는 이 안뜰로 청중을 끌어들이기도 했고 극성스런 수도원장과 함께 대화를 나누기도 하고, 우리가 보았다시피, 성의 지적인 모임을 주관하기도 했다.

수도원에 예술작품이 풍부하지는 않았다. 그 예배당에서 비메르카테 일가를 외투로 감싸 안은 「자비로운 동정녀」를 볼 수 있을 뿐이다. 식당에, 늙은 롬바르 포파의 제자 조반니 몬토르파노가 1495년에 「십자고상」을 그렸다. 수도원장의 식탁 위로 그 맞은편 자리는 비어 있다. 공작은 레오나르도에게 이 벽면에 프레스코를 주문했다.

레오나르도가 항상 엄격한 과학 공부에 몰두하고 있던 어느 날, 갑자기 어떤 이미지가 떠올라 예술세계로 되돌아간 사태가 벌어졌다. 이렇게 「최후의 만찬」에 대한 맨 처음 발상은 기하학에 대한 해석을 담은 지면에서 발견된다(윈저 성 소장품).

탐구에 대한 지칠 줄 모르는 열정과 항상 넘치는 호기심에 취한 이 사람은 일찍이 비범한 지성을 보였고 그 폭은 남성적이지만, 섬세함과 미묘한 감각에서는 여성적인 지성을 보여주었다.

• '메달'이라는 건축 용어로 부른다.

그는 자신의 예술에 예외성을 적용한다. 산타 마리아 델레 그라치에 수도원의 수도사 식당에 있는 「최후의 만찬」은 「암굴의 성모」의 밑그림을 그린 지 열다섯 해쯤 뒤였던 1497년 그의 나이 마흔다섯에 완성되었다. 이것은 그의 천재성이 완전히 충만했음을 보여준다.

우선 이 작품에서 황금색을 완전히 제거했다는 점이 놀랍다. 레오나르도는 선배들의 번쩍이게 그리는 통상적 습관을 걷어치웠다. 건축은 희미하다. 벽과 식탁의 수수한 장식을 제외하면 이렇다 할 장식도 없다. 창밖 풍경이 차분한 배경이다. 화면 한가운데에서 금빛 후광을 두르고 보석과 진주로 잔뜩 수놓은 옷차림의 인물들 대신, 그는 그저 사내들만을 그려놓았다. 사실적이고 살아 있는 사내들, 영혼의 움직임을 반영하는 얼굴과 얼굴처럼 표현이 풍부한 손을.

식탁 복판에서 그리스도는 사도들에 둘러싸여서 다음과 같이 말하는 참이다.

"정말로, 너희들 가운데 누군가 나를 배반하겠지!"

이들은 허구적 천사의 모습을 한 관례적 인물들이 아니다. 사도의 역할을 하는 몸짓으로 모인 인물들은 당시 그토록 많은 화가들이 빈번하게 다루던 이 주제가 던지는 인상을 주지 않는다. 「최후의 만찬」을 되살리고자 화가는 비록 지상에 기댔지만, 이 사실적 인물들에 한껏 고취된 고상함과 지극함을 불어넣었다.

「최후의 만찬」의 광경은 그의 상상에서 나왔다. 그는 그것을 재빠르게 스케치로 옮겼다. 하나는 윈저 성에 있고 다른 하나는 루브르에 있다. 그렇지만, 세부를 위해서 그는 오랜 관찰과 명상을 했다. 그는 그 모델들을 운 좋게 찾아냈다. 시몬(베드로)의 모델은 시내 장터에서 알게 된 존경할 만한 노인이다. 필립(이하 성경 한글본 표기)도 한 점의 초상처럼 보인다. 저급한 생각을 한 적이 없는 온화한 청년이며 무서운 배신을 생각할 리 없는 모습이다. 솔직하고 사내다운 바르톨로메는 지성이 번뜩이는 눈길로 배신자를 찾고 있는 듯하다. 유다 이스카리오트는 움칫하는 몸짓으로 식탁에 팔꿈치를 기댄 교활한 장사치인 듯하다. 강퍅한 얼굴과 손가락을 벌린 살인자의 무거운 손. 양날의 검 "칭케데아"를 붙잡는 대신 그는 빵조각을 쥘 것이다. 그러고 나서 자리를 뜰 것이다.

이 무시무시한 인물 앞에 멈춰보도록 하자. 왜냐하면 그는 레오나르도의 기법을 가장 소중하게 가르쳐주기 때문이다. 유다 역을 위해 포즈를 취한 사내는 거장의 주변 사람이었다. 즉 직업 모델이거나 하인이었을 것이다. 그로부터 10년 뒤에도 그를 화실에서 다시 볼 수 있다. 윈저 성에 있는 붉은 색연필 그림과 수많은 스케치가—윈저, 대영박물관, 우피치 미술관의 해부도—수염도 없고 대머리인 한 이탈리아 늙은이의 옆모습을 보여준다. 화가는 그 주인공을 실물을 보면서 그려냈다. 몇 번의 붓질만으로 그는 코가 큰 이 동료를 유다 이스카리오트로 바꾸어놓았다.

「최후의 만찬」에서 그리스도는 괴로워한다. 그런데 마멸과 복원을 거쳐서 우리는 다 빈치의 생각을 알게 되었다. 즉 한복판에서 그리스도는 인간적 슬픔과 하느님의 위엄으로 충만한 채 사색에 잠긴 모습이다.

이 작품의 세부를 위해서 레오나르도가 그린 밑그림은 수월하면서도 열의에 가득 차 있다. 그런데 그것을 벽화로 그려내는 데에는 많은 시련이 따랐다. 회반죽을 벽에 칠하고서 마르기 전에 빠르게 그려야 하는 프레스코 기법은 천천히 완성을 추구하는 그의 성격에 맞지 않았기 때문이다. 더구나 채색물감의 재료를 찾아야 했으므로 그는 이 고장 장인의, 판자에 그리는 전통적인 템페라 기법을 포기하게 된다. 그는 자기만의 비법으로 물감을 혼합했다. 그는 기름을 쓴다면 벽화가 견고해질 것이고 또 일반 그림 못지않게 윤기를 낼 수 있으리라 생각했다. 이런 경험은 레오나르도의 기술적 혁신이 신통치 않았음을 보여주게 된다.

이뿐만이 아니었다. 수도사들의 주방이 바로 옆에 붙어 있어 벽은 늘 습했다. 완성한 지 20년 뒤부터 「최후의 만찬」은 부스러지기 시작했다. 17세기 초부터 이 벽화는 서투른 복원에 들어가야 했다. 또 잇따라 수도원은 병영으로 바뀌었다. 유령과 같은 모습이 된 「최후의 심판」이 낭만주의 시대의 여행자에게 안개 속에서 보는 것 같게 된 것은 놀랄 일이 아니다. 오늘날 거북한 덧칠은 제거되었다. 아침 햇살과 차분한 응시는 그 옛날의 광채를 환기시킨다.[이 벽화는 1980년대에 다시 한 번 대대적인 복원 작업을 거쳤다.]

당대인들은 「최후의 심판」에 열광했다. 화가와 판화가는 이 놀라운 작품을 복제하느라 정신이 없었다. 레오나르도는 만족스런 인기를 얻었다. 그의 이름은 모든 사람의 입에 오르내렸다.

이런 성공을 어떻게 설명해야 할까? 그 무렵 로마에서 코시모 로셀리, 피렌체에서 기를란다요*가 같은 주제를 막 그려내지 않았던가? 어

• 산타 마리아 델라 노벨라 성당에 같은 주제를 그렸다. 이 화가의 공방에서 미켈란젤로가 어린 시절에 공부했다.

째서 레오나르도는 이 탁월한 거장들을 훨씬 능가했던 것일까? 그는 무어라 정의하기 어려운 그윽한 붓질과 세련된 중간 계조로써 그들을 뛰어넘는다. 모든 위대한 화가와 마찬가지로 그는 완전히 개성적인 분위기를 창조한다. 그의 개성은 요컨대, 음악적으로 고양된 현실의 분위기를 띤다. 가장 깊고 은밀한 감정을 조화롭게 풀어내는 데 다다른 이 창작가는 당대의 엘리트들을 매혹시키고, 제압하고, 관통한다.

눈부신 개혁가들은 결코 고립되는 법이 없다. 그들은 반대로 가장 먼저, 같은 세대의 가장 뛰어난 인물들의 꿈을 실현시키고 또 그토록 다른 많은 사람이 어렵게 추구하던 것을 찾아내고야 만다. 레오나르도의 예술은 이 위대한 세기가 이탈리아에서 일구어낸 엘리트들 사이에서 엄청난 반향을 불러일으켰다. 물론 이런 반응이 만장일치였던 것만은 아니다. 시기와 선망에 맞선 레오나르도의 투쟁이 자세히 알려져 있지는 않다. 물론 뒤처진 사람들이 이 혁신적 인물에 이의를 제기하고 금칠과 구습을 주장했을 것이다. 밀라노 동료들은 이 새로운 회화 언어에 당황하기도 하고 매혹되기도 했지만 어쨌든 모두들 열광했다. 불과 몇 사람의 늙은이들만 제외하고 이 화가들은 세월이 갈수록 나름대로 유연하게 다 빈치의 자취를 뒤따랐다.

이제 그의 명성은 롬바르디아의 경계를 넘어선다. 판화와 복제화가 그의 사고와 형식을 반도 전체에 퍼트렸다. 애호가들은 그의 원작을 손에 넣으려고 혈안이 되었다. 원작이 극히 드물었던 만큼 갈망은 커져만 갔다.

그는 늘 팔레트를 잡고 있지도 않았다. 그가 손에서 책을 놓았을 때는 지금의 왕궁 터에 있던 "코르테 베키아"의 거대한 공방을 찾을 때뿐이었다. 그곳에서 그는 오래전부터 주무르고 있던 기념비적인 기마상 「카발로」를 끝마치려 하고 있었다.

애송이 시절부터 레오나르도는 끌을 다루었다. 그는 피렌체에서 대리석공들 사이에서 살지 않았던가? 또 스승 베로키오는 금은세공과 회화와 조각을 무차별적으로 다루지 않았던가? 베로키오의 공방에서 나온 것들 가운데 확실하게 레오나르도의 작품으로 인정할 만한 것은 전혀 없다. 그런데도 조각은 그의 삶에서 중요한 자리를 차지했다.

그는 피렌체에서 루도비코 일 모로에게 주문 문제로 서한을 띄우면서 이렇게 덧붙이고 있다.

"저는 또 청동 기마상—카발로—의 제작도 맡고 있습니다. 이는 선친에 대한 행복한 기억을 위한 영원한 명예이겠지요. 찬란한 스포르차 가문의 영원한 기념비로서 말입니다."

중요한 주문을 따내고 싶었던 이 무명의 청년 작가의 편지에서 상당히 자만심에 넘치는 면을 볼 수도 있을 것이다. 그는 7년간이나 인내한 끝에 그것을 얻었다가 잃어버리고 말지 않았던가.〔조반니 파피니는 『미켈란젤로 부오나로티』 전기에서 주물 작업에 서툴러 실패하던 레오나르도가 두고두고 미켈란젤로의 조롱을 받은 일화를 자세히 묘사한다.〕 질투하던 동료들이 그에 반대하는 음모를 꾸미지 않았던가? 혹은 군주는 그의 작업이 더딘 것을 더는 참지 못하고서, 새로운 조각가를 지명하려고 피렌체 영주를 직접 찾아서 경쟁자를 내세우지 않았던가?

피렌체 사람들은 안토니오 폴라이우올로를 선택했다. 안토니오는 초안을 그리고 모형을 빚었다. 결국 레오나르도는 주문을 지켜냈지만 그 작품을 완성하는 데에는 여러 해가 걸렸다. 당시의 풍습대로 그는 우선 말을 제작했다. 그의 스승 베로키오도 콜레오네 기념상*에서 같은 수법을 구사했다.

레오나르도는 기마행렬을 아주 잘 그렸다. 이미 「동방박사의 경배」를 위해 피렌체에서 그린 생기 넘치는 놀라운 실감을 보여주는 밑그림에서 그것을 확인할 수 있다.

말에 대한 정열은 이 호전적인 이탈리아에서 보편적이었다. 프란체스코 곤차가는 군마의 그림에 둘러싸여 살았다. 잔 갈레아초는 죽는 순간에도 자기 침상으로 순종인 말 두 마리를 데려오게 했었다.

베르나르도 벨린초니는 공작의 애마, 특히 유명한 "바탈리아"를 소네트로 노래하지 않았던가?

스포르차 궁정에서, 레오나르도는 이렇게 모든 종류의 우아한 말 틈에서 살았다. 그는 말을 수첩에도 그렸고, 때로는 메세 갈레아초라는 시칠리아 말의 동작을 관찰하거나 포코니에 산의 표준적인 백마를 관찰하기도 했다. 그는 말의 해부학도 심도 깊게 연구했다. 그는 이런 기초적 연구를 하고 나서 기마상을 준비하기 시작했다. 그는 말굽 아래 굴복한 적 앞에서 뛰어오르는 군마를 어르는 전사戰士의 모습을 투영할 작정이었다. 이 가느다란 연필로 그린 그림은 지금 윈저 성에 있다.

1498년 다 빈치는 성내 광장에 거의 열두 발, 즉 8미터 높이에 달하

---

* 지금도 베로나의 베키오에서 용병대장이던 주인공의 기마상을 볼 수 있다.

는, 흥분해서 요동치는 말의 점토 모형을 공개했다. 이 거대한 기마상은 주물공을 기다리고 있었다. 군중이 그 작업에 감탄하며 몰려들었다. 거리의 악사들은 순진한 노래로 이 작업을 축하했다. 그동안 이 놀라운 사람은 무엇을 하고 있었을까? 궁전의 커다란 방에서 그는 비행 연습에 열중하고 있었다.

어린 시절부터 그는 새가 나는 것을 유심히 살펴보면서 이렇게 자문했다. "사람도 날지 못할 게 없지 않은가?" 그는 침착하게 체계적으로 대기와 바람의 본질, 대머리쥐와 나비, 파리와 벌과 독수리가 비상하는 방법을 연구했다. 그는 사람에게 기계적 날개를 달아서 대기의 제국을 정복할 속셈이었다. 그는 이 시도가 위험하다는 것도 알았다. 그는 이렇게 썼다.

"이 장치를 호수 위에서 실험하자. 또 만약 추락하더라도 물에 빠져 죽지 않게 동여맬 줄을 준비하자."

하지만 날갯짓을 하기에 충분한 힘을 지닌 사람은 없었다. 레오나르도는 이런 장애를 이해했고 또 다른 기계장치로써 근육의 힘을 강화할 궁리를 했다. 엔진이 없던 시절이니까 이 선구적 비행사의 고집스레 되풀이된 시도는 성공하지 못했다.

1498년 3월 군주는 그를 공방에서 끌어내 제노아로 데려갔다. 끔찍한 태풍이 부두를 파괴했다. 기술자들에 둘러싸인 군주는 항구로 내려와 피해를 점검했다.

이렇게 대양 앞에 거인이 서게 되었다. 그는 거대한 바다의 아름다움에 흠뻑 빠졌들었다. 그 힘은 그의 호기심을 자극했다. 얼마나 배울 것이 많은가! 그는 수첩에 "제노아 사람과 바다에 대해 말하다"라고 적었다.

바로 이 해에 크리스토퍼 콜럼버스가 멀리 에스파냐 끝에서 두 번째 항해를 위해 항구를 떠났다. 지구상의 무한한 지역을 탐사했던 이 제노아 항해사가 무한한 사색의 공간을 넘나들던 이 사람과 어떤 관계였는지는 알 수 없다.

그는 다시 밀라노로, 뭍으로 돌아왔다. 가을이었다. 롬바르디아의 포도들이 익어가고 있었다. 레오나르도는 포도 따기에 참여했다. "아주 유명한 화가"라는 말과 함께 부친 편지에서, 루도비코는 화가에게 베르첼리 문 근처에 16페르티카의 포도밭을 하사했다. 밀라노에서 그가 주로 활동하던 지역인 그라치에 구역이었다. 사냥꾼 델라 텔라의 공관만이 그의 포도밭을 산타 마리아 델레 그라치에와 갈라놓았다.

빈치의 어린이는 이렇게 대지로 되돌아왔다. 이탈리아 농촌의 수백만에 달하는 땅에 비하면 그의 토지는 대단하지도 중요하지도 않다. 하지만 포도덩굴 시렁을 지지하는 작고 둥근 돌기둥들은 지금도 파비아 샤르트뢰즈 베네딕투스 수도원 정원에서 볼 수 있는 것과 같은 것이다. 새 포도 잎이 줄기를 타고 오를 때, 그는 브라만테의 원개를 보려고 머리를 들었다.

이 때늦은 열의는 일 모로가 레오나르도에게 맡긴 마지막 일감이 되었다. 정치에서, 이 군주는 대담한 음모자였다. 실행을 주저하고 의뭉스러웠다. 그의 곁에 있던 시인 벨린초니는 이렇게 썼다.

"국가를 경영하자면 다섯 가지가 필요합니다. 돈, 사람, 단체, 친구, 지성 말입니다."

그런데 그는 가장 중요한 것을 빠트렸다. 그것은 바로 의지다.

1499년 트리불치오 원수가 지휘하는 프랑스 군대가 밀라노로 진군했다. 루도비코는 수도에서조차 안심할 수 없었다. 막시밀리안 황제에게 원군을 청할 수밖에 없었다. 공작은 성에 산전수전 다 겪은 수비대와, 3천 두카토의 화폐와, 물론 베아트리체의 유명한 보물과, 요새 방어에 필요한 장비들과 외부와 연락을 취할 수 있는 비밀암호를 남겨두었다. 수비대장은 명령을 수행할 기회조차 없었다. 며칠간의 공방 끝에, 일 모로의 장군들은 트리불치오와 리니 주교 각하와 화약을 맺고서, 도개교를 올리고, 꽃장식의 깃발이 망루 위로 휘날리게 되었다.

『코덱스 아틀란티쿠스』 중에서

3장

모험의 세월

『코덱스 아틀란티쿠스』 중에서

스포르차 가문의 몰락은 레오나르도가 17년 동안 애써 조금씩 이룬 상황을 물거품으로 만들었다. 이제 밀라노를 떠나는 일만 남았다. 한겨울이었으나 그는 만토바로 길을 재촉했다. 이사벨라 데스테는 그의 열렬한 후원자였던 만큼 그를 정중하게 맞이했다.

매우 능란한 이 여인은 문인, 예술가 등 걸출한 외국인을 궁정으로 끌어들였지만 아무튼, 모델로서는 끔찍했다. 움직이지 않고 포즈를 취하는 것을 견디지 못했으니 말이다. 그녀는 잠시도 가만히 있지 않고 짧게 포즈를 취했다. 이렇게 그녀는 후손이 자신의 매력을 멋지게 기억해주기를 바랐고 때로는 화가가 그린 자기 모습을 검열하기도 했다. 화가 만테냐는 갖은 대가를 치르고서야 이런 일에 익숙해졌다. 그는 이 후작부인의 초상을 그렸지만, 실망한 그녀는 퇴짜를 놓았다.

레오나르도는 이러한 불운을 겪지는 않았다. 그는 이사벨라를 목탄으로 그렸고, 나중에 "채색화"로 옮기겠노라고 약속하고서 베네치아로 도망쳐버렸으니 말이다.

아드리아 해로 삐져나온 그 땅 끝은 굉장한 활력에 넘치는 중심지였다. 베네치아 공화국은 유럽 협의회를 주도했고 바다를 지배했으며, 오리엔트와 교역하고 있었다.

이스트리[크로아티아 지방] 산 대리석으로 지은 대담한 궁전들은 황금으로 뒤덮여 있었다. 귀족들은 저택을 그림과 책과 골동품과 오리엔트 미술의 견본으로 가득 채웠다. 한 세기 넘도록 베네치아는 진정 온갖 호기심을 불러일으키는 중심지였다.

호기심이 왕성한 레오나르도는 수집광인 도메니코 그리마니 추기경과 절친한 스테파노 키지 참사 댁의 문을 두드렸다.

이 현명한 추기경은 정치인의 아들이었다. 오토만과 벌인 촌키오 해전에서 패배한 총독 안토니오 그리마니 말이다. 패자가 베네치아에 하선했을 때, 그는 자기 자식들을 오랏줄로 묶고, 대법정 앞에 서야만 했다. 선고는 무자비했다. 케르소 섬에 종신유배였다.

피렌체 인문주의자 사이에서 공부했던 도메니코는 공무와 거리를 두고자 했다. 그의 주된 관심은 자신의 소장품을 늘리는 것이었다. 그의 저택은 희귀하고 귀중한 그림으로 넘쳤고 심지어 멤링의 초상들, 히에로시무스 보스의 「지옥도」, 파티니르의 풍경화도 있었다.

모든 귀족 수집가는 특히 플랑드르 거장들을 탐냈다. 다 빈치가 베네치아에 나타난 것은 이를테면 벨기에의 뫼즈 강변이나 레스코 강변을 여행하는 셈이었다. 당시 베네치아 미술은, 자코포 벨리니가 사망하고 나서 그의 두 아들 젠틸레와 조반니가 함께 공방을 끌어가고 있었다. 그들의 명성과 또 동포에 대한 그들의 후의는 반도 전 지역 신출내기들의 관심거리였다. 많은 이방 예술가들이 알프스 산맥을 넘어 베네치아로 수련을 쌓으러 왔다. 재능 있는 사람이라면 이곳에서 화려하고 자유로우며, 다정다감한 사회의 문을 열고 들어설 수 있었다. 예술가는 이곳에서 거의 영주처럼 살았다.

그 거리에 활기 찬 도시인들은 지금의 모습과 별반 다르지 않게 생활했다. 산책하는 사람들은 정오의 태양 아래 산 마르코 광장에 모여들곤 했다. 다 빈치의 식탁에서 지체 높거나 다양한 직업에 종사하는 인사들을 볼 수 있었고, 그 중에는 현재까지 알려진 사람들도 있었다. 노예선 선장 알로이스 살라몬, 오스트리아 발데크 가문의 후손 토마소 발데그, 풍금 제조인으로 구스나스코라는 별명으로 통하는 로렌초 디 파비아가 그들이다.

이 구스나스코는 두 가지 이유로 레오나르도에게 관심을 두었다. 이 위대한 피렌체 사람은 음악을 즐기고 직접 연주하기도 했기 때문이다. 레오나르도는 노래하고 리라를 연주했다. 만토바 후작은 그에게 류트와 바이올린 현을 골라달라고 했을 정도였다. 화가는 밀라노에서 저 유명한 작곡가, 프란체스코 가푸리오와 절친한 사이 아니었던가! 음악을 광적으로 좋아하는 이 여행자에게 산 마르코 성가대의 노래를 직접 들을 수 있는 데다가, 그 음악가들과도 대화를 나눌 수 있다니 얼마나 흡족했을까!

구스나스코는 악기 제조업과 더불어 만토바 후작부인이나 다른 유명 인사를 위한 소식통 역할도 했다. 이 시대에 예술을 애호하던 군주들은 예술계에서 벌어지는 모든 정보를 수집하는 요원을 부리고 있었다. 구스나스코는 1500년 3월에 이사벨라 데스테에게, 레오나르도가 자신에게 그녀를 완벽하게 닮은 초상화를 보여주었다고 전했다.

물론 현재 루브르에 있는 이 그림은 만토바에서 그린 소묘였다. 풍금 제조인과 해군장교와 오스트리아 신사가 이사벨라의 프로필을 들여다보는 모습을 쉽게 상상할 수 있다. 그녀는 눈썹까지 내려오는 당텔 수머리띠를 두르고 부푼 소매의 줄무늬 블라우스를 입은 모습이다.

그런데 레오나르도 주변에 모이던 인사들의 대화에서 예술만이 화젯거리였던 것은 아니다. 공공 사건들도 한몫을 했다. 그때는 비극적이었고 지평선은 광채를 잃었다.

2월에 루도비코는 밀라노로 귀환했다. 60여 일 뒤, 그는 노바레 전투에서 졌다. 그가 포로 신세로 아스티를 지날 때 군중은 "일 모로를 죽여라!"라고 악을 썼다.

퇴위한 군주는 얼굴을 붉히고 눈물을 글썽거렸다.

사건 앞에서 항상 침착한 다 빈치였지만, 이렇게 아우성치는 사람들의 눈앞에서 그는 그 동료의 작품이 걱정이었다. "아, 브라만테의 건물은 어쩌나!"

이것이 바로 그의 가슴속에서 토해진 외침이었다니!

밀라노는 함락되고 베네치아는 위협받았다. 청천벽력 같은 소식이 그토록 안정되었던 그 힘을 뒤흔들어버렸다. 터키 군이 베네치아 함대를 격파했다. 터키 군은 육로와 해로를 통해 공화국을 협공할 준비를 하고 있었다.

이런 위험에 처한 레오나르도는 군사 기술자의 관심을 되살렸다.

그는 일찍이 루도비코 일 모로에게 썼던 편지에서 오늘날 "탱크"라고 부르는 전차를 개발하자고 제안하지 않았던가? 철갑을 두르고, 대포를 장착하고, 보병의 방어선을 돌파하도록 고안된 무기 아니던가? 이제 그는 군사작전을 위한 또 다른 계획에 매달렸다.

터키 군은 프리울을 점령하고 베니치아 장벽을 공략하면서 100개가 넘는 마을을 초토화했다. 공포가 농촌을 엄습했다. 전리품을 가득 싣고서 침략자들은 포로의 수호성자 성 루나르도에게 애원하는 포로들을 줄줄이 엮어 앞세우고서 이손초를 압박했다.

전투의 희생자들이 성자의 이름을 외치는 동안 레오나르도는 생각에 잠겨 있었다. 언제나 그렇듯이 그는 크게 내다보고 있었다.

넓고 빠르게 흐르는 강 뒤편으로 중대병력쯤이 우회해서 친다면 수적으로 우세한 적의 선두를 잡을 수 있을 것이었다.

그는 내쳐 고리치아까지 달려갔다. 현장을 확인하고 돌아온 그는 확신했다. 그는 이 뜻을 전선 강화를 맡은 군사위원회에 전달했다. 그는 이손초 강에 제방을 쌓자고 제안했다. 이런 식으로 적을 놀라게 하는 장애물을 만들거나 여의치 않은 경우, 공격하는 적을 수장할 수 있도록 제방을 터뜨리자는 복안도 내놓았다.

공화국의 사정은 오리엔트에서 더 이상은 빛나지 않았다. 공화국은 방금 전 레판토 해전에서 패한 뒤였다. 공화국 대사는 그 항구를 복원하고 죄수를 석방하려 했지만 허사였다. 그러자 레오나르도는 대사 루도비코 마네티에게 대담한 계획을 들이밀었다.

이 예술가 겸 기술자가 오토만 제국 해군에 대항하려고 새로운 작전을 펼치려는 수단은 수중호흡기로 잠수부들을 해저로 내려 보내 적함의 밑바닥에 구멍을 뚫게 하자는 것이었다. 이것은 일종의 잠수함에 대한 선구적 발상이었다. 당시의 소박한 기계장치로 실현할 수 없는 발상이었지만 말이다! 군사위원회와 각료들도 그를 몽상적 딜레탕트 취급을 하면서 이 제안을 서둘러 채택하려 들지 않았음은 물론이다.

지상의 모든 인종이 교차하는 베네치아 골목을 거닐면서, 그의 방랑자다운 상상은 전투를 준비하는 이 아우성에서 벗어나 북쪽의 얼음 덮인 들판에까지 미쳤다. 그는 수첩에 이렇게 적었다.

"플랑드르에서는 어떻게 얼음을 지치는지 베네데토에게 물어보자."

다 빈치는 베네치아 총독의 도시에 난민이자 구경꾼으로서 왔었다. 그는 밀라노에서 놀라운 노력을 기울인 뒤에 이곳에서 숨을 돌리고 정신적인 양식을 취했다.

그렇지만 그곳에 두고 온 미완의 대공사는 어떻게 되었을까? 프랑스 군대가 들어오던 날, 가스코뉴 쇠뇌 사수들이 프란체스코 스포르차의 초상에 활을 퍼부어대지 않았을까?―그 50년 뒤에 어떤 회상록 작가가 증언했듯이.[7] 이런 일화는 사실과 맞지는 않는다. 우선 "카발로"는 기병이 아니었다. 오직 말뿐이었다. 파울로 조비오의 증언이 정확하다.[8] 또 에르콜로 데스테와 밀라노 첩자 조반니 발라가 나눈 편지에서도 확인된다. 프랑스 군이 입성한 지 두 해 뒤인 1501년에, 이 대단한 첩자는 바로 그 현장에 있었다. 페라라 공작은 그를 붙잡으려 했다. 발라는 루앙의 영주에게 손을 써보려고 했으나 허사였다. 레오나르도의 그 걸작은 전화에 휩싸인 동안 천천히 재가 되어버렸다.

이런 산책 과정에서 예술가는 레오파르디가 뒷마무리했던, 자신의 옛 스승 베로키오의 작품인 또 다른 「카발로」가 서 있는 산 조반니 에 파올로 성당 앞에서 쓴웃음을 지으며 서 있지 않았을까? 번번이 베네치아 군대의 승리를 이끌었던 용병대장 콜레오네는 항상 공격을 주도

하던 그 모습 그대로 청동 말 등에 올라탄 듯하다. 레오나르도는 코르테 베키아에서 포기한 자신의 것을 생각했다. 그는 언젠가는 모범적 기마상인 콜레오네 상과 경쟁하게 될 이 용사의 상을 완성하길 기대했을까? 아니면 미래의 계획에 전념하려고 과거의 일에 쉽게 초연했을까?

그의 구상은 방대하다. 기계, 건물, 조각, 회화 등 군주의 지원 없이 어떻게 이것을 실현할 수 있단 말인가? 스포르차 정권은 붕괴했다. 예술가의 머릿속에서 이탈리아의 궁정이 차례로 스쳐갔다. 누군가 지지해줄 막강한 후원자를 찾아야 했다. 물론 자신을 호평했던 외국인 대인이 있었다. 그 이름이 다 빈치의 운명과 얽히게 될 인물이다. 리니 공작, 루이 드 뤽상부르가 바로 그였다.

이 사람은 생 폴 원수元帥와 그의 두 번째 부인 마리 드 사부아 사이에서 태어난 아들이다. 원수는—그의 외가가 왕가와 사돈관계이기는 했지만—루이 11세에 대항해 부르고뉴 공작과 함께 반기를 들었다가 그레브 광장에서 참수되었다. 어쨌든 응징자의 아들과 희생자의 아들은 좋은 친구가 되었다. 리니는 샤를 8세의 이탈리아 원정에 수행해 용감히 검을 휘둘렀으며, 특히 나폴리 원정에서 맹활약하고서 그 나라의 상속녀로서 알타무라 공주이자 안드리아 공녀 디오노라 게바라 드 보와 결혼했다.

안드리아의 실권을 리니에게 벌충해주려고 나폴리를 포기한 다음, 샤를 8세는 그에게 앙부아즈 근처에 성 한 채를 지어 선물했다. 바로 "르 클로 또는 르 클루"라는 성이었다.

루이 11세 공관의 집사, 에티엔 르 루는 앙부아즈 테라스 바로 코앞에 이 건물을 지었다. 왕이 사망하고 나서 샤를 8세는 거간꾼을 통해

"르 클루"를 사들였다. 청년기부터 이 왕자는 농촌의 장원에서 조용히 칩거하기를 좋아했다. 1482년 앙부아즈 숲 관리인 장 르 빌은 토지측량에 나서 "왕세자를 비롯한 사람들이 성에서 르 클루까지 편안하게 드나들 수 있도록 성의 비밀 문에서 르 클루 장원으로 통하는 길을 따라 장벽을 쌓고 난간을 올렸다.[9]

"르 클루"의 성주인 국왕 덕분에 루이 드 리니는 해마다 사냥감을 군주에게 바칠 수 있었다. 반면에 군주의 총애를 받는 이 신하가 고향으로 돌아왔을 때, 앙부아즈 주민들은 그에게 곤들매기, 잉어, 칠성장어, 향료를 가미한 포도주 네 통을 선물로 바쳤다.

리니는 루아르 강의 물고기나 꿀을 탄 포도주를 자주 즐기지는 못한 듯하다. 르 클루의 성주는 자신을 파비아 총독에 앉혀준 루이 12세와 이탈리아 반도 정벌[1494~1497]에 다시 나섰다. 바로 그가 노바레에서 막강한 루도비코 일 모로를 피해 귀국했다.

유능한 군인 리니는 "용장 서른 명과 덕망 높은 명장에게 양식을 준" 교육자이자 선동가이기도 했다. 천하무적의 전설적 기사 바야르*도 그의 제자였다.

샹티이 성*에 있는 초상 가운데 리니를 그린 연필화가 있다. 분명 이는 화려한 초상은 못 되지만, 두 전투를 치르던 중 막사에서 재빠르게

• 1476~1524. 슈발리에 바야르로 통한다. 비겁함을 모르는 기사도 정신의 화신이다.
• 파리 북동쪽 숲에 자리 잡고 있다. 전형적인 바로크 스타일의 성으로 현재 콩데 미술관으로 개조되었다. 일급 초상미술관이라고 할 수 있다.

그린 것이다. 오뚝한 코, 길게 기른 콧수염, 넙적한 턱수염, 곱슬머리, 귀까지 눌러쓴 모자, 맑고 뚫어보는 특이한 눈.

그의 무용담은 잊었다. 그러나 바야르를 키웠고 레오나르도를 프랑스로 불러들인 첫 번째 애호가라는 사실은 얼마나 영광스러운가!

그들은 어디에서 알게 되었을까? 1499년이나 1500년, 리니가 총독으로 근무하던 파비아였을까, 아니면 베네치아였을까?

리니는 피렌체 사람들에게 원한이 있었다. 그래서 그는 총독의 도시를 더 좋아했다. 그는 열망 끝에 베네치아 귀족의 특권을 얻었다.

이렇게 성 마가[베네치아 수호성자]의 새로운 아들이 된 그는 1499년, 부인이 물려받은 안드리아를 재정복하려고 당국의 협조를 구했다. 나폴리 이민, 피에트로 덴티체는 베네치아 의회에 출석해서 자기 요구를 펼쳤으나 애매하고 유보적인 답변을 들었을 뿐이다. 한편 협상은 은밀히 진행되었다. 밀사가 리니 주변에 파견되었다. 리니는 이어서 개인적으로 베네치아를 찾았을까? 아니면 레오나르도가 그와 함께 떠나려고 이 밀라노 사람을 찾아갈 생각이었을까?

예술가는 수첩에 이렇게 적었다.

"리니를 찾아가자. 그리고 로마에서 기다린다고 하자. 그리고 그와 함께 나폴리로 가면 되겠지."[10]

그런데 군대 일이든, 시종장 직무 때문이든 리니는 이 비할 데 없는 안내자를 앞세우고 이탈리아 원정에 나서지 못했다. 레오나르도는 혼자서 토스카나로 향했다.

여러 나라가 망했고, 왕관을 썼던 인물들은 지하 묘지로 사라졌으며, 오직 시골 마을만이 세기의 부침에서도 살아남았다. 아침 안개가 빈치 마을로 퍼지고 있었다. 촌부는 정원에서 삽질을 하고 있었다. 아낙네는 현관에서 이웃 아주머니와 수다를 떨면서 밀짚모자를 짜고 있었다. 그녀는 잠시 일손을 놓고서 큰길에서 다가온 침입자를 물끄러미 바라보았다. 그리고 여인네들의 대화가 이어졌다.

"저게 누구야?"

"세르 피에로(님)의 큰아들이잖아!"

세르 피에로는 이 고장 귀족이었다. 작은 땅뙈기는 풍요로운 경작지로 변해 있었다. 80통의 포도주, 33단지의 기름이 나왔다. 식구도 많았다. 일흔한 살의 가장, 서른여섯 살인 그의 부인 루크레치아, 아홉 명의 아이들, 장남은 스무 살인데 막내는 네 살이었다!

정중한 환대를 받았지만 조무래기들은 소란을 피웠다. 피렌체 쪽으로 버드나무들이 늘어선 밭을 가로질러 구불구불한 길은 어린애들을 끌어당겼다. 그렇게 백합[피렌체 메디치가의 가문家紋]의 도시를 향한 길도 여전했다.

거의 20년 만의 귀향이었다. 비극적이고 파란만장한 날들일 수밖에 없었다. 로렌초 대공은 사망했고 그 아들에 반기를 들어 민중은 봉기했다. 공화국이 다시 들어서고, 샤를 8세가 창을 들고 침입했고 사보나롤라가 등장했다가 몰락했다.

이 음산한 도미니쿠스회 수도사 사보나롤라는 예술작품을 장작더미에 던져 불살라버렸다. 만약 그가 땅에서와 같은 힘을 하늘에서도 얻었다면 그는 분명 천사들을 화형에 처했으리라. 그는 그러기를 기다리면서 피렌체에서 사는 재미를 없애버렸다. 그런데 레오나르도가 1501년 3월에 어린 시절 뛰어놀던 곳을 찾았을 때, 예나 지금이나 그대로였던 푸른 나무들처럼 기쁨이 다시 피어났다.

수백 년 된 모래가 그 길을 덮고 있었다. 우리는 그 모래를 밟으며 피렌체로 곧게 뻗은 소로를 함께 가볼 수 있다. 그 길은 오래전부터 공디 가문이 사들인 우러러볼 만한 상인조합 건물 곁으로 나 있다. 그것을 둘러싼 돌 의자들 위에서 거지들이 말없이 선한 하느님의 햇볕을 쬐고 있다. '팔라초 안티코'(고궁) 건물은 완연히 중세적인 모습을 간직하고 있다. 그 서늘한 지하실 같은 방에는 고인故人들의 명부가 들어 있다. 그 속에는 그토록 자주 주민의 불화를 환기시키는 말이 적혀 있다. 즉 "피로써"라고. 50명씩 포승에 묶인 전쟁포로들이 궁 앞에 도열해 있었다. 광장에는 쇠고리에 목을 엮인 범죄자들인 "딱한 사람들"이 탄식하고 있었다. 여기에서 몇 발자국을 걸어가면 아름다운 미소가 산책자를 반긴다. 오르산미켈레 성당이다. 그 벽기둥에는 「성 도마의 회의懷疑」가 새겨져 있다. 여기에서 옛 스승 베로키오에 대한 추억이 새삼스레 밀려들었다. 성당 맞은편 좁은 골목에서 어린 나이에도 열심히 공부했던 증거와 마주친다. 즉 책방 골목이다.

이미 오래전에 사라진 토스카넬리라는 고매한 인물을 찾아보지만 허사였다. 또는 현자의 휴식에 해롭기나 한 여인들과, 꼬마들 틈에 숨어들어 이 촌구석에서 생을 마친—그 이름의 뜻처럼—베스파시아노 다 비스티치의 고요한 얼굴도 볼 수 없었다. 그런데 뛰어난 수사본 화가들 아타반테, 몬데, 게라르도 수도사들은 여전히 공방에서 양피지를 긁적이고 있었다. 학자, 식자, 딜레탕트들은 책을 기둥처럼 쌓아올린 채 끊

임없이 한담을 나누고 있었다. 그토록 여러 해 동안 모습을 보이지 않던 동포가 나타나다니 얼마나 놀랐을까!

이는 분명 천재 소년의 귀향은 아니었다. 그는 세 가지 명성을 얻었다. 모든 과학과 결별한 철학자, 자기 예술을 이룬 거장, 견줄 수 없는 지식인이라는…. 이런 성품은 피렌체 같은 수집가의 도시에서는 대단히 인정받는 것이었다. 머지않아 그의 전문적 역량을 펼칠 기회가 올 것이다.

만토바 후작부인〔이사벨라 데스테〕은 말라테스타라는 사람에게 수정水晶과 보석 항아리를 사들이도록 했고 레오나르도에게 미리 감식을 받으라고 권했다.

그 화가의 지식과 취미를 각별히 좋아한 이 귀부인은 그의 작품을 손에 넣으려고 안달이었다. 그녀는 과거에 레오나르도가 그린 초상을 빌려달라며 애첩 체칠리아 갈레라니에게 편지까지 쓰지 않았던가? 이번에 이사벨라는 피에트로 디 누볼라리아 수사에게 작은 동정녀를 그려달라고 거장에게 부탁하도록 했다. 그러나 이 카멜 수도회 수사는 목적을 이루지 못했다. 그는 레오나르도가 "기하학 공부에 전념하느라고 더는 붓을 잡지 않습니다"라고 말했다고 전했다. 그러면서 "그의 생활은 종잡을 수 없습니다. 그는 하루하루를 그럭저럭 살아가고 있는 듯이 보입니다"라고 덧붙였다.

어느 화창한 아침, 이 호기심 많은 사람은 찬미자들을 남겨두고서 다시 여로에 올랐다.

토스카나와 움브리아 지방을 덮고 있는 언덕들은 자매들이다. 그 비탈마다 올리브나무가 줄을 잇는다. 부드러운 풀밭 사이로 커다란 포도 그루터기들이 볕이 드는 들판을 지킨다. 평화는 그토록 뿌리 깊고, 수목의 향기는 그토록 감미로워서 쟁기질만 하지 않는다면 천국이라고 생각할 만했다.

붉은 어깨망토를 두르고, 허리춤에 수첩을 차고서 사내는 돌담과 생기 넘치는 산울타리로 에워싸인 좁은 길을 빠져나와 앞으로 나아간다. 이 당당한 여행자의 길도 그 자신 못지않게 기이해 보인다. 그는 피옴비노, 시에나, 페루자를 거쳐간다. 그는 부리부리한 눈으로 비둘기 집과 성곽을 그리면서 풍경과 유적과 사람을 바라본다. 그런가 하면 강가의 수풀 곁에 오랫동안 머물면서 흐르는 물을 들여다보기도 한다. 그의 눈썹은 이미 짙어졌고 냇물 같은 수염은 뿌옇게 세었다. 그리고 그가 수학의 재미에 골몰하느라고 참나무 그늘 아래 주저앉아 있었을 때는, 어떤 무당이 그 신과 대화를 나누고 있다고들 했으리라.

이 도시 저 도시로 세상을 구경하고 호기심을 채우면서 돌아다닐 때 목적이 있었을까? 그의 머릿속에는 계획이 가득했다. 성, 무기, 그림, 입상으로…. 이 꿈을 실현하자면 왕이나 용병대장이나 교회의 군왕에게 의지해야 한다. 그들은 영광에 굶주리지 않았던가? 그들은 산타 마리아 델레 그라치에의 「최후의 만찬」에 대한 이야기를 듣지 않았던가? 코르테 베키아의 「카발로」에 대해서도 듣지 않았던가? 화가이자 발명가로서 놀라운 발명도 마찬가지 아니었던가?

종종 밤중에 거론되는 사람이 있기 마련이다. 그의 이름은 잠자리에서 칭얼대는 아기를 찍소리 못하고 잠들게 할 만큼 무서웠다. 붉은 후광을 두른, 진주로 수놓인 이 병풍은 체사레 보르자, 즉 발랑스의 영주 '발렌티노 공작'이었다.

교황 알렉산데르 6세의 이 아들은 이탈리아에서 넓은 영토를 개척하는 데 진력했다. 그는 명성을 날리는 데 능숙했다. 레오나르도는 이 야심만만한 용병대장을 진정한 예술 후원자라고 생각했을까? 정복자라면 항상 자기 철모를 새겨 넣을 그림에 관심을 두지 않던가?

"발렌티노는 어디 있을까?"

체사레는 로마에 있었으나 그의 장수 비테로초 비텔리는 아레초 공략을 준비 중이었다.

움브리아 지방의 복 받은 언덕마다 군대의 함성이 넘치고 있었다. 겁에 질린 농부들은 맨발로 작은 노새에 침낭과 냄비를 싣고서 줄달음질치고 있었다. 수백 명의 무리가 줄을 지어—거대한 송충이라고 할 만하다—골짜기를 건너 대포를 끌어올리고 있었다. 죽음은 더욱 빠르게 찾아왔다. 수천의 화승총 사수가 말을 타고서 죽음을 뒤따르고 또 시신이 즐비한 길을 내고 있었다.

레오나르도가 자기 두건에 요새와 군사작전의 스케치를 그린 것은 호기심의 발로였을까, 아니면 공모자로서였을까? 포화 소리의 와중에도 그의 기본적인 걱정은 비텔리와 부르주 주교에게 부탁했던 아르키메데스의 수사본을 구해보려는 것이었다.

1502년 아레초가 함락되고 레오나르도는 우르비노로 발렌티노 공작을 찾아간다. 그는 그곳에서 공작 휘하에 있던 동포 두 사람을 만났다. 볼테라 주교 프란체스코 소데리니, 그리고 영주의 비서 니콜로 마키아벨리였다.

마키아벨리도 건축가였다. 다름 아닌 인간의 건축가 말이다. 그는 대담한 노선으로 방대한 건축물 같은 구조를 상상한다. 자신의 책무 때문에 그는 극히 검소하게 생활하고 있었다. 그러나 그는 자신의 영혼을 알고 있었다. 두터운 눈꺼풀 속에 숨은 꿰뚫어보는 눈으로 그는 레오나르도를 주시했다. 두 사람은 서로를 인정했고 친구가 되어 헤어졌다.

다 빈치의 인품은 발렌티노 공작에게 깊은 인상을 주었음이 분명하다. 발렌티노 공작은 1502년 8월 18일 그에게 상당히 폭넓은 권한을 부여하는 건축과 기술의 총감독직을 맡아달라고 서한을 보냈다. 그는 공작의 영지에서 주요 요충지를 순시하는 임무를 맡았다. 공령의 모든 기술자가 이 피렌체 사람의 명령에 따랐고 또 그의 요구에 맞춰 인력을 징발해주었다.

모든 예술적 편견과 다르게, 체사레가 붙잡은 이 사람은 화가나 사상가가 아니었고, 마법사와 같은 명성을 얻고 있던 건축가이자 발명가였다. 알렉산데르 보르자가 이 아들을 낳은 우연한 출생의 비밀은 그를 유랑극단 광대처럼 만들었고, 이 신경질적인 야만인은 공포를 연출하는 유능한 인물로 행세했다. 위대한 배신자였던 그는 그 짧고 수치스런 인생을 시신들 위로 영토를 가르는 짓을 자행하며 보냈다. 사치와 잔인은 여기였을 뿐이다. 그는 탐욕에 사로잡혀 있었다.

그는 보물과 땅, 성채와 여자, 청년을 탐냈다. 몇몇 로마네스크 작가들은 그를 이탈리아 통일의 기수라고 내세웠다. 이런 천박한 인간에게는 생각도 할 수 없는 일이다.

그가 그저 이탈리아 사람답기나 했을까? 당대인들도 그를 그에 대해서 그렇게 생각하지 않았다. 그의 내심은 온통 카스티야의 혼에 사로잡혔을 뿐이다.(그의 부친, 알렉산데르 6세는 에스파냐 카스티야 출신이다.)

저열하고 방자한 이 군주! 당대의 말을 빌리자면 "검을 단 한 번도 뽑은 적이 없는 비겁한 인간"과, 고상한 예술과 사상의 세계와 무관한 것과는 아예 초연한 그 기술자는 얼마나 대조되던가 말이다!

이 탐욕스런 땅과 보물 축재자에게 봉사하던 그해에 레오나르도는 한 친구에게 이런 편지를 보냈다.

"불평하지는 않습니다, 가난하지는 않으니까. 불쌍한 사람은 많은 것을 탐하는 사람이지."

레오나르도 같은 기질의 신사가 보르자 같은 인간에게 고용되었다고 생각해보자! 예술을 후원하기는커녕 보르자는 저질의 사치품을 쌓아두었을 뿐이다. 학자를 격려하는 대신 그는 충직한 아첨꾼에게 보상해주기를 좋아했다. 군사적 문제로 자신의 계획을 시험할 수 있는 대전투 대신에, 그는 든든한 자리에 주저앉아 음모와 배신 등 모든 파렴치한 짓을 궁리하고 있었다. 발렌티노 공작 군대의 고상한 행위라고 해봐야 그들이 지나간 자리에 약탈당한 도시와 불탄 곡식, 토막 난 올리브 재배지와 도륙당한 마을만을 남겼을 뿐이다.

이런 실망스런 분위기에서 다 빈치는 우연히 오래전부터 꿈꾸었던 오리엔트를 다시 그려보게 된다. 보르자 곁에 파견되어 있던 바자제트의 대사들은 항구적인 다리를 건설해서 자기 나라의 수도를 코르노 도로*와 잇는다는 술탄의 계획을 누설하고 다녔다. 레오나르도는 수첩에

"페라 교교橋, 콘스탄티노플, 그 규모"라고 썼다. 어쨌든 그는 오리엔트라는 신기루를 물리치고 피렌체로 귀향하기로 결정한다.

보르자에게 봉사했지만 신통한 소득은 없었다. 일찍이 롬바르디아를 떠나기 전에, 그는 금화 600두카토를 산타 마리아 누오바 병원에 기증했었다. 그러나 이제 그는 절약하지 않을 수 없었다.

자신의 재능과 마키아벨리의 우정으로 그는 곧 새로운 일감을 얻게 된다. 여러 해 전부터 피렌체는 피사와 전쟁 중이었다. 그러나 그 오랜 봉건군주를 쫓아내지 못했다. 레오나르도는 경쟁국을 멸망시킬 비장의 수단을 제의한다. 즉 아르노 강물의 물길을 돌려놓아 피사를 말려버리고, 바다로 뚫린 통로도 차단한다는 생각이었다.

마키아벨리는 피에트로 소데리니 총독에게 자기 친구의 이런 제안을 받아들이도록 했다.

1503년 8월, 시 당국의 명령으로 레오나르도는 말 여섯 필이 끄는 마차를 타고 아르노로 달렸다. 강물의 흐름을 막기 위해서였다. 조반니 첼리니가 그와 동행했다―그는 벤베누토 첼리니*의 아버지이다. 그는 건축 일과 시립 고적대원을 겸했다. 레오나르도는 강력한 둑을 쌓을 강물을 막고서 물길이 루카를 통과해 지중해로 빠져들게 할 수많은 초안을 그렸다. 그러나 10인 위원회는 주저했다. 소데리니와 마키아벨리가

---

* 지중해의 동쪽 끝 보스포로스 해협의 유럽 대륙 쪽의 만灣. 터키 영토로서 할리치〔금각만金角灣〕라고도 한다.
* 1500~1571. 공예가·조각가. 16세기 전반 미술계에서 영향력이 대단했다. 그가 남긴 『회고록』은 당대 궁정과 예술계를 관찰할 수 있는 귀중한 기록이다.

친구를 두둔하고 나섰다. 이내 병사들이 호위하는 인부 2천 명이 작업에 들어갔다.

사태의 반전이란 얼마나 공교롭던가! 피사 지방에서, 옛날에 그 조상은 서류에 몰두하고 인간의 법을 위한 규정집을 존중했건만, 그 하급법원 서기의 손자가 자연을 진압하고 강물을 길들이려고 하지 않는가!

이 대담한 인간은 이와 동시에 전혀 다른 임무도 맡게 된다. 1503년 가을부터 소데리니 총독은 대회의실에 피렌체 역사의 일화를 그리도록 주문하고서, 산타 마리아 노벨라 성당에 이 중요한 작품의 밑그림을 준비하는 데 번거롭지 않을 만큼 넉넉한 화실을 마련해준다.

레오나르도는 「앙기아리 전투」를 주제로 삼았지만, 비슷하게 영예로운 주문을 받은 미켈란젤로는 「카시나 전투」를 주제로 택했다. 이 두 사람은 서로 아는 사이였지만, 좋아하지 않았다. 예술가의 우쭐한 성격과 경쟁심 때문에 두 사람은 서로 소원했다.

미켈란젤로의 힘찬 시각은 판화로 널리 알려졌다. 벌거벗은 병사들은 미역을 감다가 적에 놀란 모습이다. 레오나르도의 발상은 이와 전혀 다르다. 그는 조각가의 눈으로 보지 않는다. 그는 화가이면서도 사물의 외면을 재현하는 데 그치지 않는다. 그는 감정의 반영을 꼼꼼히 살핀다. 인물과 그 움직임은 이런 목표에 이르기 위한 수단일 뿐이다. 그는 기병 전투의 감동을 화폭에 옮기려고 애쓴다.

그는 아레초와 보르고 산 세폴크로 지역을 찾기 시작한다. 여기에서 공화국 군대가 1440년 밀라노의 피치니노 장군에게 승리했다.

나중에 화가는 마키아벨리에게 그 날의 기념비적인 대첩大捷에 대한 이야기를 들려달라고 부탁하고 또 친구의 친필로 쓴 글을 소중하

게 간직하고서『코덱스 아틀란티쿠스』라고 제목을 붙인 문집에 수록
한다.

비스콘티 가문의 위협에서 토스카나를 구하려 했던 이런 원정은 피
렌체 화가들의 주제로 애용되어왔다. 특히 "앙기아리 전투의 거장"이
라는 "카소니" 출신의 무명 화가에게서. 이 거장은 결혼 예물함 속에서
전통으로 전해지던 전투 장면을 찾아냈다. 붉은 백합이 새겨진 깃발이
적의 공격을 받는 앙기아리 다리를 사수하는 명장 네로 카포니와 베네
데토 데 메디치 앞에서 나부끼고 있다. 피렌체 진영에서 쏘아대는 거대
한 포화가 적의 보병을 움찔하게 한다. 이런 대포 공세로 한나절 만에
전투는 마무리된다. 순진한 그 장인은 역사적 사실의 한 장면을 파올로
우첼로°풍으로 그렸지만, 그저 그렇다. 레오나르도는 사실을 무시한
채 차라리 그것을 숭고한 시각의 높이로 끌어올린다.

그는 보병의 평범한 공격을 멋진 기병과 뒤섞는다. 말을 그리는 화가
로서, 이런 야성적 도약으로 서로 충돌하는 군마들을 보여줄 얼마나 좋
은 기회인가! 기병들은 극도로 호전적인 모습이어야 했을 것이다. 그
러나 이런 맹렬한 육박전을 벌이면서도 그들은 인간적으로 보인다. 앙
기아리 전투의 인물들을 위한 첫 번째 스케치에서 드러나듯이!(부다페
스트 미술관 소장품)

긴장된 표정으로 젊은 지휘관은 몸을 앞으로 숙이고서 명령을 내리

• 1397~1475. 화가. '카소네' 라는 예물함 장식화에 뛰어났다. 특이한 원근기법과 역
동적 구성을 추구한 대형 걸작도 남겼다.

려고 입을 벌리고 있다. 눈에 보이지 않는 창을 쥐고 있는 듯한 늙은 전사는 자신의 용기를 과시하고 적에게 겁을 주고자 격렬하게 외친다. 이 사람은 레오나르도가 종종 묘사하던 모델인데, 하인이나 동료로서 레오나르도와 그 제자들을 위해 자주 포즈를 취했다. 이 오랜 동료는 평소에는 대단히 차분했을 테지만, 거장의 화실에서는 용병으로 분장하곤 했다. 또 레오나르도 자신은 전투를 그리는 화가라는 새로운 일감으로, 채식하는 토스카나 장인처럼 검소하게 생활했다.

레오나르도는 앙기아리 전투를 영원히 기념하고 아르노 강물을 돌려놓는다는 두 가지 대업을 완수하려고 온 힘을 쏟았다. 그러나 원로회의는 재정난으로 인색할 수밖에 없었다. 아르노 강이 범람한 데다 날씨까지 좋지 않아 작업은 어렵게 되었다. 일꾼들은 떠나버리고, 확신을 잃은 원로원은 군대를 철수시켰다. 피사 사람들은 때를 놓치지 않고 출구를 마련하고서 레오나르도의 작업을 파괴했다. 이 사건은 1504년 10월에 벌어졌다.

그와 소데리니의 관계는 껄끄러워졌다. 더구나 「앙기아리 전투」의 제작이 늦어진 것도 시당국의 불만을 초래했다.

그는 금화 35플로린이라는 막대한 선금을 받았다. 1504년 5월 4일에 소집된 의회에서 밑그림을 2월까지 제출하도록 최후통첩을 내렸다. 그때까지 레오나르도는 매달 금화 15플로린을 받게 된다. 만약 그때까지 밑그림이 끝나지 않는다면 원로회의는 「앙기아리 전투」를 위해 내놓았던 선급금을 회수할 권리가 있었다.

애호가들도 그를 괴롭혔다. 이사벨라 데스테는 약속했던 자기 초상을 독촉하는 편지를 그에게 부쳐왔고, 이 약속 외에도 그녀는 12년 동안 그리스도 상을 작업해달라고 졸라왔다. 후작부인은 안젤로 토발리 아라는 사신을 그에게 보냈다. 그는 또다시 편지를 띄웠다. 하지만 헛 수고 아닌가! 거장은 피렌체 역사를 그리느라고 시간이 없다고 했다.

독립적 성격과 지적 열의 때문에 그는 세속적 화가의 처신을 할 수 없었다. 그는 귀부인들을 뿌리치지만, 표정이 풍부한 거지 앞에서는 발 길을 멈추곤 한다.

산타 마리아 누오바 병원은 그에게 사람들의 인상을 탐구하는 데 좋 은 기회가 되었을 뿐만 아니라 해부학 연구에도 유익했다. 특히 노인들 이 그의 눈길을 끌었다. 그 자신의 말을 빌리자면, 나무 등걸이나 마른 밤 껍질 같은 안색을 띤 노인이었다.

그는 백 살을 맞았지만 몇 시간 뒤에 꼼짝없이, 고통의 표시도 전혀 하지 않고서 사망했던 사람을 해부한다. 그는 그 시신에서 "온화한 죽 음"의 원인을 알아내려고 했다. 이 노인에 뒤이어 그는 두 살배기 아기 의 시신도 다루었다. 그의 외과의사 같은 작업은 한밤중에 흔들리는 횃 불 밑에서, 병원의 긴 복도에서 진행된다.

빈번한 죽음과 영원히 지속하는 것과, 허무한 권력과 금전에 대한 감 정만으로도 그의 영혼은 크게 고양되었다. 그는 거기에 예술에 대한 끊 임없는 불꽃과 정신적 사건에 대한 꺼지지 않는 호기심을 덧붙인다. 그 는 내면으로 깊이 침잠하여 오랫동안 고독한 생활을 끌어간다. 그는 외 출할 때 예의 바르고 시의적절한 웅변으로 사회적인 태도를 보인다. 두 뇌에 유익한 모든 것을 해부하고 나온 냉정한 지식인의 태도는 아니다. 그는 풍부한 감수성을 겸양과 피렌체 사람다운 냉소로써 감춘다. 그는 자신의 늙은 아버지에게 항상 정이 깊었다. 하지만 자신이 경멸하는 것은 무엇이나 존중하는 이 공중인과의 사이에는 얼마나 큰 심연이 가로 놓여 있던가!

루크레치아 코르티지아니—아버지의 네 번째 부인—는 1504년에 그의 열두 번째 아이를 낳았다. 다복했던 그의 아버지는 이 아기가 태어나고 나서 몇 달 뒤 사망했다. 7월에 레오나르도는 아버지의 사망을 수첩에 기록하면서 이렇게 덧붙였다.

"아버지는 여든이었다. 사내아이 열 명과 계집아이 둘을 남겼다."

세르 피에로의 사망으로 레오나르도는 가족과 완전히 멀어지게 되었다. 그렇게 그는 지독한 고독에 싸이게 된다.

그가 이루려 했던 두 가지 커다란 시도는 성공하지 못했다. 아르노 강은 피사로 흘러갔고 피사의 함선은 피렌체 깃발을 욕보인다. 그는 산타 마리아 노벨라 성당에서 방대한 피렌체 역사를 그리느라고 시간을 허비한다.

그는 오십 줄에 접어들었다. 그는 자진해서 고립된 생활을 택했다. 친구와 제자 몇 사람과만 왕래하면서 연구에 몰두한다. 그는 기질적으로 비밀을 좋아했다. 그의 삶도 그의 비밀이었다.

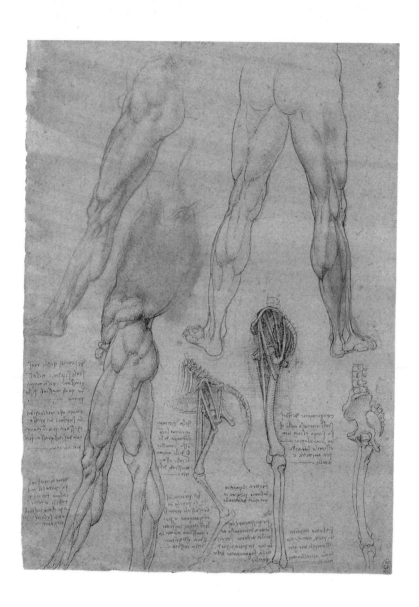

『코덱스 아틀란티쿠스』 중에서

4장
리자 제라르디니

『코덱스 아틀란티쿠스』 중에서

피렌체에서 오래전부터 번창해온 가문이 있었다. 제라르디니 가문이다. 이 가문은 정말이지 일가를 이룬 모습이었다. 족보로 얽힌 자손이 무성했다.

그 수많은 제라르디니 일가 중에 놀도의 아들 안토니오는 산 스피리토 구, 마지오 가에 살고 있었다. 그 깔끔한 거리의 집집마다 방패 문장紋章을 내건 정면과 불쑥 튀어나온 차양 사이로 파란 오솔길처럼 하늘이 펼쳐진다. 그 석조건물 중에 튼튼한 무쇠창문을 두른 집에서 1479년 나약한 계집아이가 태어났다. 안토니오 제라르디니와 그의 아내가 살던 그 집은 그 교구의 산 스피리토 성당 세례당에서 몇 발자국 떨어진 곳에 자리 잡고 있었다.

무럭무럭 자란 어린 계집아이에게 이 성령성당이 얼마나 거대해 보였을까! 아기가 태어나기 몇 해 전에 일어났던 화재로, 이 성당은 브루넬레스코가 개축했다. 피렌체 산産 "피에트라 세레나", 즉 청회석으로 올린 코린트식 둥근 기둥머리는 하늘을 떠받들려고 깎은 듯하였다. 높은 둥근 지붕을 밝히는 천창들은 작은 달처럼 하얗게 반짝였다.

창백한 낯빛의 소녀는 그 찬란한 우윳빛 돌과 높은 창문 뒤에서 흔들리는 나뭇가지를 바라보곤 했다. 당시의 피렌체 아가씨들이 하던 대로, 소녀는 글도 배웠고 신앙심도 가꾸었다. 그 꿈에서 그녀는 제단화 속의 성 게오르기우스를 마상시합에서 본 기사라든가 책에서 읽은 용사와 혼동했을 듯하다. 그런데 매력적인 왕자를 꿈꿀 나이가 되면서 처녀는 애타게 그를 기다렸다. 리자의 곱고 우아한 모습도, 제라르디니 가문의 위세도 왕자를 끌어들이지 못했다. 왜냐하면, 마지오 가의 문장으로 장식된 집의 금고는 텅 비어 있었기 때문이다.

이 상업도시에서 재산은 쉽게 고갈되곤 했다. 제라르디니는 심각한 역경에 처해 있었다. 피렌체에서, 세무관은 딸의 지참금까지 내놓으라고 아버지에게 강요할 정도로 후안무치했다. 1480년 안토니오 제라르디니는 세금 신고서에 이렇게 기재했다.

"리자, 내 여식女息, 한 살배기에게 어떤 지참금도 없음."

제라르디니는 피렌체 귀족이었다. 그 가문은 『수도원장』 책자에도 수록되었다. 서기는 공화국의 최고위직의 하나로서 수도원장까지 오른 제라르디니 가문의 이름들을 한 장 가득히 열거했다.

흰 양피지로 묶인 이 유명한 책자는 델 조콘도 집안에도 영예로운 한 페이지를 할애했다. 이 가문은 피렌체 사회에 열한 명의 수도원장을 배출하지 않았던가!

조콘도 일가는 비단 직조로 치부했다. 이 산업에서 벌어들인 황금의 위신 덕분에 그의 명성은 공직 사회에까지 미치게 되었다.

제라르디니와 조콘도는 같은 부류였다. 두 집안 남자들은 영주의 궁전에서 자주 만났고, 여자들은 사교 모임에서 자주 만났다. 그렇지만 제라르디니 가는 자손이 많았던 반면에 바르톨로메오 조콘도는 외아들 프란체스코뿐이었다. 이 외아들은 1491년 명문가의 아가씨 카밀리아 디 루첼라이와 혼인했다. 그러나 그녀는 결혼 이듬해에 사망했다. 초상을 치르고 나서 조콘도의 유산을 물려받은 사내는 재혼을 생각했다. 그가 선택할 약혼녀는 친구 집안에 있었다. 그녀는 다름 아닌 청순하지만 무일푼이던 리자 제라르디니였다. 1495년의 일이다. 제라르디니 아가씨는 열여덟 살이 되던 봄날에 스무 살 연상의 홀아비와 혼인했다.

18세기의 훌륭한 지식인, 조반니 바티스타 데이는 델 조콘도 가문의 족보에 관한 수사본 원고를 작성하던 중에 프란체스코와 리자의 혼인 계약서를 발견했다. 유감스럽게도 이 흥미로운 서류는 유실되었는데, 어쩌면 피렌체 공증인 누군가의 손에 들어갔을지 모른다.

따라서 이 결혼의 예물에 대해서는 알 수가 없다. 리자가 이 결혼 덕분에 아르노 강 건너에 살게 되었다는 사실밖에…. 조콘도는 산타 마리아 노벨라 교구에 거주했다. 가장 오래된 교구였다. 오르카냐 형제는 이 성당에 최후의 심판도를 그려놓았다. 승승장구했던 주교와 유력 인사들이 줄줄이 이 성당에 귀한 대리석관을 남겼다. 그렇지만 가난한 사람들은 성당 부근 "캄포 산토"의 풀밭에서 최후의 순간을 맞이하곤 했다. 그 공동묘지는 우아한 홍예문과 삼나무로 둘러싸여 있었다. 이 쭉 뻗은 나무들은 두 가지 몫을 맡았다. 유해를 지키고 또 어머니들이 이제 막 장례를 치른 묘 앞에 무릎을 꿇고 추도하러 올 때, 연민에 겨워 가지를 떨었다.

리자가 웅자한 산타 마리아 노벨라 성소에 처음 기도드리러 왔을 때, 그녀는 바로 자신이 살아온 모습을 도메니코 기를란다요가 내진의 소성당에 그려놓았다는 것을 의심할 수 없었다. 이 벽화는 교황 식스투스 4세의 재무관, 조반니 토르나부오니의 후의에 따른 것이었다. 그 벽화 한편에서 성 요한의 탄생도를 볼 수 있다. 즉 감격한 그의 어머니는 금사로 짠 드레스를 걸치고 그곳을 찾은 도도한 방문자를 아랑곳하지 않고서, 젖을 찾는 이 갓난아기를 그윽하게 바라본다. 그녀는 바로 기증가의 딸, 루도비카 토르나부오니였다.

또 다른 벽화는 동정녀가 탄생하는 장면이다. 토르나부오니 궁전의 화려한 방이 아니라면 그녀가 어디에서 태어날 수 있을 것인가? 그 미장 널들은 쪽매붙임으로 세공한 당초문양이 상감되어 있었다. 그 위로 둘러쳐진 대리석 띠벽 그림은 악기를 연주하는 천동의 떠들썩한 군무를 보여준다. 아기는 이렇게 으리으리한 장면의 전개에 무심한 듯이, 만족한 표정으로 입에 엄지손가락을 넣고 빨아대고 있다.

리자도 딸을 낳았다. 고대석상처럼 다정하게 차려입은 친구들이 축하하러 찾아왔다. 하녀들이 수태를 고지하는 천사 같은 발걸음으로 요람 곁에 꽃과 과일을 내려놓는 동안 아기는 낭랑한 울음을 터트렸다. 아기는 밀랍 인형처럼 동그란 머리에, 그림 속에서 보는 갓난아기의 모습이었으리라. 또 하늘의 천사보다 더욱 아름다운 젊은 어미를 닮았으리라.

하지만 이런 행복은 잠시였다. 몇 달 뒤 1499년, 리자는 캄포 산토의 공동묘지 앞에서 통곡하고 있었다. 삼나무들은—고통을 가려주는 병풍으로서—함께 슬퍼하며 높은 가지를 흔들어댔다. 조콘도 또한 거의 광분했다. 어머니에 대한 위로의 말도 없었다. 남편은 비통함을 가라앉혀보려고 애썼다.

피렌체의 신사와 마찬가지로 그도 예술 애호가였다. 그는 기를란다요의 제자 폴리고에게 성혼聖痕을 받는 성 프란체스코를 주문했다고 알려져 있다. 조콘도는 다 빈치에게 자기 것과 함께 부인의 초상을 주문했다.

화가는 1501년에 피렌체로 돌아왔다. 당시 리자는 스물두 살이었다. 그녀는 보르자의 벌판[즉 묘지]에서 돌아온 얼마 뒤에 포즈를 취했을 듯하다.

레오나르도는 왜 군주의 초상을 거부했으면서도 리자의 초상을 그리려고 했을까? 그는 산토 스피리토 도서관으로 아우구스티누스 교부들에 대한 책을 빌리러 갔을 때 그 소녀를 알게 되었을까? 아니면 어느 날 저녁, 산타 마리아 노벨라 성당을 나오던 그녀와 마주쳤을까? 확실한 것은 그가 주문을 수락했고 혼신의 노력을 기울였다는 사실이다.

루브르 박물관에 있는 그녀의 초상이 그 증거 아니던가. 그것을 들여다보자.

리자 부인은 "판치올라", 즉 어린 딸로 인해 울음을 그치지 못했다. 애통함의 표시로 그녀는 아무런 패물도 걸치지 않았다. 그녀는 알프스 산 같은 풍경이 펼쳐지는 "주랑" 난간에 앉아 있었다. 머릿결까지 낮게 가라앉은 희미한 안개가 이마 위로 피어오른다. 당시 유행하던 대로, 눈썹은 거의 밀어버렸다. 여자들은 고대풍을 따르려는 순진한 욕심에서 치장하곤 했다. 그런데 리자 부인은 대리석 같은 모습은 아니다. 차라리 노을처럼 붉게 물든 모습이다. 곱슬머리는 어깨까지 치렁치렁 내려오면서, 짙푸른 드레스를 돋보이게 한다. 소맷자락은 노랗고, 산은 파랗고, 산마루에 수정처럼 흰 눈은 이를테면 영적 세계의 것인 듯 엷게 흐르는 모습이다.

오른손은 왼손을 잡고 있다. 겹친 손과 얼굴은 연무처럼 희미한 백색 조보다 더욱 창백해 보인다. 그 시선은 공허하다. 부드러운 미소를 띠고 있지만 슬픔에 젖은 젊은 어머니의 모습에서 벗어나 친친히 생기를 되찾고 있다.

이 초상화는 완성되자마자 유명해졌다. 수많은 모작模作이 그 유행을 증명한다. 리치먼드의 리 오브 페어럼 경은 레오나르도의 상당히 솜씨 있는 제자가 그린 흥미로운 모사화를 손에 넣었다. 이 그림은 둥근 기둥 사이에 앉은 조콘다 부인을 보여준다. 이것으로 미루어 그 자세를 이해할 수 있으며, 루브르 소장품은 약간 작게 그렸음을 알 수 있다.

그런데 화가와 모델은 어떤 관계였을까? 이 매혹적인 여인은 피렌체 화가의 눈에 이상적인 미녀로 보였을까? 그때까지 오직 침침하게 상상 속에서만 그려왔던 여인상을 찾아낸 것일까? 아니면 그녀에게서 완전한 형태 이상의 그 무엇을 발견했을까? 고독한 두 사람의 기이한 만남이다. 오십이 넘은 사내와 어린 딸의 사망 이후 모든 정을 잃은 정략결혼을 했던 여인의 만남 아닌가!

그 남편에게서 이 소중한 초상화를 빼앗으려고 화가는 무슨 핑계를 댔을까? 똑같은 것을 하나 더 그리고 원작을 간직했을까? 그랬을 것이 거의 확실하다. 이 초상화는 한 번도 그의 곁을 떠난 적이 없었기 때문이다. 그는 그 이유를 알게 해주는 글을 썼다.

"오 사랑하는 그대여, 화가가 당신 앞에 내놓은 그대의 이상적인 초상 앞에서 시인의 언어로도 과연 무슨 말을 할 수 있단 말인가!"

레오나르도가 남긴 문서는 그의 사생활을 전혀 담아내지 않는다. 어쨌든, 『코덱스 아틀란티쿠스』라는 제목의 수사본에서, 조심스럽게 잉크로 지운 한 페이지가 남아 있다. 자신의 수첩에 적어두기를 후회했을 만큼 그토록 은밀한 확증이기에 그 자신이 지워버리려고 했을까? 단 몇 줄만을 읽어낼 수 있을 뿐이다.

"당신이 알아차릴 겨를도 없는 그런 곳으로 가야 할까…?"

화가에게 부친 시 한 수의 단편도 있다.

"나의 레오나르도, 당신은 … 없습니다…
오 레오나르도, 왜 그토록 괴로워하시나요…"

같은 수사본에서 이런 행간도 찾아볼 수 있다.

"감정이 더 풍부한 바로 그곳에 고민도 더 많은 법이니, 위대한 순교자여."

레오나르도가 운명적으로 피렌체를 떠나야 했을 때, 그는 리자의 초상화를 가져갔다. 그가 그린 것으로는 마지막 초상화였다. 그 뒤로, 그는 여인의 얼굴을 그릴 때마다 조콘다의 추억을 되찾게 된다. 레오나르도가 사망했을 때, 리자 부인은 마흔 줄에 접어들었다. 그녀의 남편은 시당국에서 빠르게 승진했다. 1499년부터 그는 "12인 집정위원"직에 올랐다. 또 1510년에 수도원장에 피선되었다. 그러나 어느 날 아침, 그는 자기 구역과 명예에 아랑곳하지 않고서 농촌과 도시로 맹렬하게 달려드는 끔찍한 적을 맞이해야 했다. 결국 흑사병이 승리했고 가엾은 조콘도는 송장 구덩이 속으로 사라졌다.

조콘다 부인은 어떻게 되었을까? 이런 시련 속에서 세상을 떠났을까? 아니면 늙어 농촌 자택으로 돌아갔거나 산타 마리아 노벨라의 높은 궁륭 속으로 들어갔을까? 새벽마다, 잠에서 깨어나 피렌체의 지칠 줄 모르는 종소리가 어둠을 깨울 때면, 자기 인생의 두 사건을 생각하곤 했을까? 즉 아기와 화가를? 그녀는 온화하고 작은 밀랍 인형 같은 두상과 또 짙은 눈썹 아래 그토록 총총한 시선으로 신관神官 같은 인상의 화가를 다시 떠올리곤 했을까?

리자의 초상은 프랑스에 있었고 그곳에 있을 수밖에 없었다. 만약 레오나르도가 그 복제화를 정말로 그녀의 남편에게 주었다면 그것은 어떻게 되었을까? 이 가족의 성스런 유물에 대한 감탄도 불과 몇 년뿐이었을 것이다. 그 광채는 버려진 묘비에 새겨진 명문보다 더 빠르게 바랬다. 거처도 운도 바뀌고, 과거에 대한 무관심으로, 지상에서 가장 아름다운 미술관이었을 그토록 위대한 걸작들도 파괴되고 말았다!

「조콘도 부인」, 즉 조콘다의 원작—즉 거장이 결코 손에서 놓치지 않았던—은 레오나르도의 상속인이던 그의 제자로 왕실 시종관인 프란체스코 멜치가 왕에게 그것을 양도할 때까지, 르 클루 성에 보관되어 있었다. 그 뒤로 이 유명한 초상화는 퐁텐블로 성의 '목욕탕이 붙은 아파트'에서, 루브르 궁전으로, 베르사이유, 튈르리 궁의 나폴레옹의 내실을 돌고 돌아 마침내 루브르 미술관에 정착하게 되었다.

그러나 운명의 여신은 리자 부인에게 마지막 여행의 기회를 주었다.

1911년 8월 어느 화창한 아침, 초상화가 액자에서 사라졌다. 온 세상이 경악했고 요란한 수색이 벌어졌다.

그 빈자리에 대신 발타사레 카스틸리오네의 초상이 걸렸다. 이러한 선택은 합당했다. 검은 비로드 모자를 쓴 이 기사는 이탈리아의 가장 세련된 꽃 한 송이를 재현하고 있지 않던가? 이 화폭은 라파엘로의 가장 순수한 작품 아니었던가?

초상 관람객이란 언젠가는 사라져버리기 마련이다. 오직 초상화만이 남는다. 카스틸리오네는 그 좋은 자리에서 리자 제라르디니라는 당대의 가장 매혹적인 작품을 찾아볼 수 없다는 데에 놀랐을 것이다.

물론, 그 화폭의 광채는 루브르의 울타리를 벗어나지 않는다. 기사 발타사레는 따라서 저명 인사가 그 유명한 작품을 찾아내는 사람에게 4만 프랑의 보상금을 내걸었다든가, 격정적인 로슈포르가 처벌을 묵인하겠다는 조건으로 그 걸작을 되돌려준다면 절도범에게 백만 프랑을 제안했다는 사실을 모르고 있었다. 하지만 허사였다. 「조콘다」는 나타나지 않았다.

그런데 2년 뒤, 피렌체 고물상 제리라는 사람이 "레오나르도 V"라는 서명이 붙은 편지 한 통을 받았다. 이 편지를 쓴 사람은 자신이 「조콘다」를 갖고 있으며 그 걸작을 이탈리아에 놓아둔다는 조건이라면 판매할 뜻이 있다고 밝혔다. 제리는 이 소식을 우피치 미술관장 포지 씨에게 전했다. 두 사람은 미치광이의 소행이라고 생각했다. 어쨌든, 그들은 침착하게 적힌 주소지를 찾아갔다. 그곳은 산타 마리아 노벨라 성당에서 멀지 않은 여관이었고, 매일 외국인 수천 명이 왕래하는 역 구내의 한 거리였다. 수색자들은 트리폴리 여관의 누추한 방문을 열고 들어갔다. 그들은 검은 구레나룻을 기른 창백한 사내와 마주쳤다. 그는 이렇게 물었다.

「조콘다」 때문에 온 분들이시오?"

그리고는 나무궤짝을 열어 싸구려 여행 가방을 열고, 낡은 옷가지와 큰 신발, 빨랫감, 그리고 마침내 갈색 종이에 쌓은 보따리 하나를 꺼냈다. 그 보따리 끈을 풀자, 「조콘다」가 나왔다.

"이 그림을 어디서 구했소?"

"내가 훔쳤지!"

이 알 수 없는 사람은 간단하게 답했다.

포지 씨는 감동을 억제하고서 이 솔직한 도둑에게 그림을 확인하러 우피치 미술관으로 가져가자고 제안했다. 검은 구레나룻 사내는 이렇게 답했다.

"당신이 가져가 맘대로 하시구려!"

이 사람이 차를 부를 만한 처지도 못 된다는 것을 알게 되었다.

그 사내는 코메* 부근 두멘차 출신의 빈첸초 페루자였다. 어쨌든, 그는 자신이 태어난 호수처럼 정신이 맑은 사람은 못 되었다. 화구상인

• 북이탈리아 알프스 산록의 호반 도시.

그는 루브르 미술관 그림에 액자를 끼우는 일을 했었다. 그때는 역사적으로 어수선했다. 레오나르도가 프랑스로 초청받고, 프랑수아 1세가 「조콘다」를 손에 넣은 것은 이탈리아의 천재에 대한 이웃 나라의 지극한 존경을 표한 선물이었고, 페루자는 과거 나폴레옹이 저질렀던 그림 약탈에 대한 보복으로써 「조콘다」를 되찾기로 결심했던 것이다.

이 기상천외한 계획은 아주 수월하게 진행되었다.

결국 「조콘다」를 찾게 되었고 페루자는 체포되었다. 「조콘다」는 이번에 우피치 미술관에 전시되었다. 그 뒤로 이 걸작은 로마 순회전에 초대받았다. 극성스런 미술 애호가 비토레 엠마누엘레 전하께서는 그 앞에서 경의를 표했다. 마침내 이 아름다운 도난물은 프랑스 대사에 의해 파르네세로 환궁했다.

그리고 리자는 1월의 어느 저녁, 기름등잔을 든 두 사람의 호위를 받으며 슬그머니 제자리로 돌아왔다. 두 사람은 카스틸리오네의 초상을 벽에서 끌어내렸다. 이렇게 리자 부인은 제자리를 되찾았다.

어쨌든, 그 탈주는 부인의 초상에 새로운 소득을 안겨 주었다. 당시 최상품의 액자를 취미가 고상한 어떤 부인이 선물했기 때문이다. 이때부터, 리자 제라르디니는 그 자리에서 관객을 지켜보게 된다. 순진한 이방인들은 그 앞에서 조용히 일 분씩 묵념을 올린다. 장황한 안내인들은 조콘다의 미소에 대한 시시껄렁한 일화를 늘어놓는다. 그녀가 포즈를 취하는 동안 화가가 악사와 광대를 곁에 불러들였다는, 독자를 즐겁게 해주려고 바사리가 지어낸 이야기이다.* 리자 부인은 바사리의 상상을 영예롭게 해준 셈이다. 왜냐하면, 바사리는 「조콘다」를 본 적도 없고 소문으로만 들어 알고 있었기 때문이다. 그 자신도 스스로 이 점을 입증했다. 즉 그는 조콘다의 눈썹이 그토록 완벽하게 그려졌다고 칭송했기 때문이다. 그런데 그녀의 눈썹은 유행대로 밀어서 없지 않던가. "조콘다"에 대해서 바사리가 쓴 것은 허구에 불과하다. 『예술가 열전』의 저자로서 그는 프랑스를 찾은 적도 없다. 그는 레오나르도가 그 유명한 그림을 갖고서 이탈리아를 떠날 당시 다섯 살배기 코흘리개였다. 하지만 전설은 아주 완강하게 살아남는다. 16세기의 밀라노 화가이자 문인 로마초는 "모나리자 나폴레타나"라는 이야기를 처음 지어냈다. 그리고 듣기에 좋은 이 이름이 아르노 강변에서 살다 죽은 여인을 떠나지 않았다.

사람들은 페루자를 별난 사람으로 보고 자비를 베풀었다. 그는 가벼운 처벌만을 받았을 뿐이다. 일 년간 감옥살이였다. 또 온정이 많은 사람들이 감옥으로 담배며 돈을 전해주었다.

석방된 뒤, 페루자는 고향으로 돌아가 사촌과 결혼하고서 1925년 사망할 때까지 평온하게 살았다.

이 사람은 자기 시간을 앞서 살았다. 사반세기 뒤에, 놀라운 행운이 그를 기다리고 있지 않았던가. 할리우드 영화계에서는 「조콘다」의 절도범에게 어색한 후광을 씌워주지 않았던가?

• 반드시 그렇지만은 않다. 사실 당시의 화가들은 화실에서 모델을 직접 눈앞에 두고 그림 그리는 일이 잦았으며, 따라서 모델의 지루함을 덜어주려고, 강아지나 또는 소품 역할을 하는 동물로서 원숭이를 데려다놓기도 했던 것은 화실이나 조각가의 공방에서 그리스 시절부터 있던 아주 오랜 관행이다. 그러나 조콘다도 이 경우였는지 알 수는 없다.

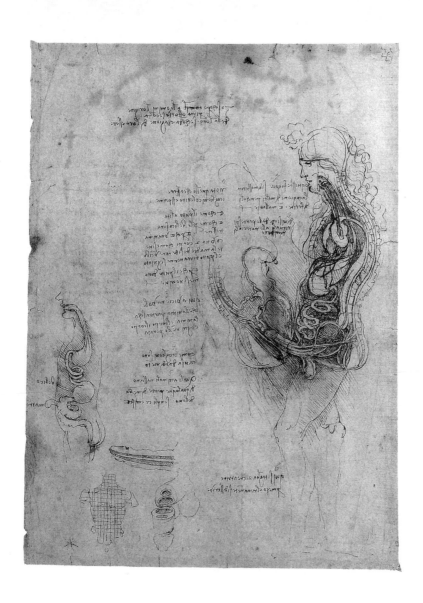

『코덱스 아틀란티쿠스』 중에서

5장
정복자들의 정복자

『코덱스 아틀란티쿠스』 중에서

잠시 과거로 돌아가서 16세기 초의 이탈리아를 새의 눈으로 내려다보듯이 조감해보자. 수백만 그루의 은빛 올리브나무가 언덕마다 비탈에 자라고 있었다. 수백만 명의 시골 사람이 땅을 갈고 있었다. 농부들은 잠시 일손을 멈추고 삽에 발을 얹고, 손으로 햇빛을 가리고서, 흙먼지 사이로, 무장 기병대의 행렬이 지나가는 길을 바라다본다.

농부들은 군기와 표장을 보고서 용병대장과 휘하 장수들을 알아보았지만, 이 무시무시한 이방인들이 어디로 가는지 알 수 없었다. 농부의 아버지 때는 샤를 8세를 보았다. 또 숲처럼 빼곡한 창에 둘러싸인 루이 12세와 수많은 쇠뇌 사수, 창병, 궁수가 그 뒤를 따르는 것을 보았다. 이 모든 전사들은 군가를 부른다는 것만 제외하면 제단화에서 볼 수 있는 것과 똑같은 모습이었다. 피리와 북소리에 맞춰, 군사들은 행진곡을 부르기 시작했다.

왕께서 산을 넘네
왕께서 산을 넘네

그곳으로 보병을 이끄네
그들은 간신히 따라가네
기운, 기운, 기운을 내야 하네!

 호방한 병사들은 활기와 호기심에 넘쳐, 이 놀라운 고장을 지나고 있었다. 그들은 이 고장에 대하여 옛날에 샤를 왕을 쫓아왔던 전사들의 이야기를 들어 알고 있었다. 그들의 대장들은 두 나라 사이의 수많은 접촉 경로 덕분에 풍부한 정보를 갖고 있었다. 이탈리아 사람들은 프랑스에서 아주 높은 위상을 차지했다. 많은 프랑스 사람들이 이탈리아를 예의와 예술의 모범으로 간주했다.

 특히 파도바, 볼로냐, 파비아 대학에 프랑스 유학생이 많았다. 그들은 귀국하고 나서도 이 나라의 언어와 사상을 보급했고, 궁정과 교육에 중요한 보따리를 풀어놓으면서 이탈리아의 세련된 문화를 뿌리치지 못했다. 이탈리아어는 프랑스에 널리 퍼졌고, 그곳에서 교부들은 학술논문을 펴내거나 단테의 언어로 완벽한 소네트를 짓곤 하였다.

 발루아 왕실은 이탈리아 신사들을 정중하게 환대했고 그 반도에서 건너온, 대리석처럼 냉정하고 호박琥珀처럼 세련된 태연자약한 대사들과 밀접한 관계를 맺었다. 유명한 군 지휘관들은 자신들의 검을 왕께 바쳤다. 국왕은 요새를 쌓을 때, 종종 "축성築城기사"라고 부르는 이탈리아 군 기술자를 초청했다. 매우 유익한 이탈리아 성직자들도 많았다. 알프스 너머로 유학을 다녀온 학자들이 프랑스 강단을 차지했다. 더구나 상업도시마다 "롱바르[롬바르디아]"라는 이름의 거리가 있었는데, 이는 사업에서 그 창의력이 풍부한 나라가 차지하던 위상을 가리키는 표시였다. 론 강부터 세느 강에 걸친 주요 도시들에는, 특히 알프스를 넘어온 피렌체 금융인들이 지점을 개설해놓고 있었다. 이 돈놀이를 하는 사람들은 모든 사업 부문에 관여했다. 이들은 왕의 원정에 자금을 대고, 노예선을 무장시키고, 상품을 수출입했다. 이 도매상은 예술품 거래도 했다. 15세기 후반의 가장 활발하던 상인이자 애호가는 기를란다요의 후원자 프란체스코 사세티였다. 이 사람은 메디치가의 후원으로 리옹에 정착했다.

코민 대사의 표현에 따르면, 샤를 8세가 "이탈리아의 냄새와 영광을 느끼기" 시작했을 때, 리옹은 유례없이 번창하는 도시로 비약했다. 이 고대 로마제국의 '루그두눔〔기원전 43년 이후의 지명〕'은 프랑스와 이탈리아를 잇는 가장 중요한 다리가 되었다. 이곳에서 군대가 집합하고, 대사들이 회동하고, 재력가들은 사업을 펼쳤다. 이 도시에 정착한 이탈리아 은행은 전쟁과 평화, 예술과 학문의 자금줄이었다. 리옹은 인쇄술, 인문주의, 상거래의 중심이 되었다. 이곳의 이탈리아 같은 분위기가 프랑스인들을 끌어들였다. 안목 있는 금융인과 상인은 알프스 이남의 작품들을 실질적으로 보급하는 데에 기여했고 또 이탈리아로 내려가려는 신사들에게 훌륭한 조언을 해줄 수 있었다.

당부아즈 가문이야말로 가장 유력한 조언자였다. 루앙의 주교 조르주 추기경은 "실질적인 프랑스 왕"이라고 불릴 정도였던 인물로서, 마자랭이나 리슐리외처럼 폭넓게 생각할 줄 알았고, 나라의 운명을 손에 쥐고서 교황에 오르고자 공을 들이고 있었다. 이 분주한 사람은 생활에서 어쨌든 예술에도 한자리를 할애했다. 즉 막강한 이 고위성직자는 가용 성을 지어 예술적 관심도 보여주려 했다.

그의 조카 샤를 당부아즈는 쇼몽 원수로 부르는데, 파리를 통치하고, 프랑스 군사령관으로서 당시 막 밀라노 주둔군 사령관에 임명되었다. 루브르에 걸린 그의 초상을 보면, 알프스 풍경처럼 파란 바탕을 배경으로 두드러진 매력적인 모습에 즉시 호감을 느끼게 된다. 그의 눈은 롬바르디아 평원을 주시하고, 그 숙연한 청년 전사의 거무튀튀한 얼굴은 요절할 운명적 존재의 우울함을 드러낸다.

조르주 당부아즈 다음에는, 재무관 로베르테가 궁정의 실력자로 부상했다. 알뤼에, 뷔리, 브루의 남작이자 프랑스 산림치수총감 장 로베르테의 아들 플로리몽 로베르테는 학식이 많고 예술을 애호했다. 일찍이 샤를 8세는 그를 이탈리아로 파견해 왕비를 위해 구입한 예술품을 시칠리아 신사로부터 찾아오도록 했다. 그 뒤에 그는 나폴리, 로마, 밀라노에서 중요한 외교적 임무를 수행했다. 권력이 교체되었을 때에도 그의 권위는 떨어지지 않았다. 그는 샤를 8세, 루이 12세, 프랑수아 1세의 집권기에 줄곧 재무관으로 일했다. 마르크 원수는 그를 "프랑스의 대업에 가장 잘 걸맞은 인물"이라고 했다.

능숙한 협상가이자 유복한 이 재무관은 뛰어난 말솜씨와 취미와 개성 때문에 당대인들의 큰 인기를 끌었다. 1512년에 제작된 청동메달은 예복 차림으로 머리를 하고, 모피코트를 두른 그를 보여준다. 그 뒷면에는 그의 문장紋章이 새겨졌다. 황금띠를 두른 쪽빛에, 검은 날개가 붙고 또 은빛 별 세 개가 따라붙은….

이 열렬한 딜레탕트는 자신의 블루아 공관과 뷔리 성에 보석과 가구와 놀라운 예술품을 수집해두었는데, 특히 이 막강한 실력자는 피렌체 정부가 선물한 미켈란젤로의 청동입상도 가지고 있었다.

앙부아즈와 로베르테의 곁에서, 루이 드 리니는 이탈리아에 대한 가장 폭넓은 경험을 쌓았다. 그런데 레오나르도의 친구였던 그는 자신의 찬란한 위업의 무대를 다시 보지 못하게 되었다. 그는 1503년 성탄절 밤에 급사했고, 그의 창기병들은 그를 잃은 채 출정했다.

이 거물 시종장의 사망은 그의 후견을 받던 예술가와 문인들을 낙심하게 했다. 젊은 재무관, 발랑시엔 출신 장 르메르는 그를 위해 추도시를 지었다. 「크나 큰 원망, 알트모르 왕자, 루이 드 뤽상부르를 애도하는 불꽃」. 이 우의적인 풍자시에서, 회화의 우상은 방금 사라진 후견인을 눈물로 탄식한다. 회화의 우상은 마르미옹, 푸케, 위그 드 강 등 당대의 뛰어난 화가들을 줄줄이 불러낸다. 그리고 이렇게 덧붙인다.

"오늘의 유모들이시여 이렇게 하소서,
내 젖을 먹은 귀여운 아기들,
너, 레오나르도, 그토록 은총을 받고,
젠텔레 벨리니, 그 칭찬은 영원하리."

이렇게 이때부터 다 빈치를 프랑스에서 보게 된다. 그의 이름은 앙부아즈, 로베르테, 리니 같은 지휘관 밑에서 성장한 청년들 사이에서 무명이 아니었다. 철갑옷을 입고서 알프스 산맥의 다른 쪽 사면을 내려가는 기사들의 가슴은 3세기 뒤에 스탕달의 시대에 이 눈부신 나라(이탈리아)에 대한 호기심과 열광으로 그토록 두근대던 용기병과 정예보병의 심장과 똑같이 두근거렸다.

밀라노에 훌륭한 화가들이 없진 않았다. 그러나 레오나르도에 비해 보잘것없었다. 롬바르디아의 수도에서 누구나 그를 이야기한다. 즉 산타 마리아 델레 그라치에 성당의 「최후의 만찬」과 또 코르테 베키아 성의 「카발로」, 프란체스코 스포르차의 점토기마 모형상을. 거장은 눈앞에 없었으나, 그 위대한 인물은 프랑스 사람들의 상상을 자극한다.

열렬한 예술 애호가 에르콜로 데스테는 그들이 무심하다고 생각하고서, 사신을 보내 「카발로」를 페라라로 옮기려 했다. 하지만 공작은 실망했다. 앙부아즈 추기경은 루이 12세가 그 "말"을 보았던 만큼, 왕이 허락하지 않는 한 누구에게도 그것을 내줄 수 없다고 했기 때문이다.

추기경은 앙투안 팔라비치니라는 사람이 빈치의 작품인 「바쿠스」를 갖고 있다는 것을 알고서 그것을 자신에게 양도하라고 간청한다. 로베르테는 유명하지만 접근할 수 없는 화가의 작품을 한 점이라도 얻고자 갖은 시도를 다한다. 재무관은 그에게 물레로 실뭉치를 감는 작은 동정녀 상을 화가에게 부탁한다.

이사벨라 데스테의 사신 피에트로 누보랄리아는 항상 레오나르도를 쫓아다니던 만토바 후작부인에게 화가가 방금 전 어떤 주문을 수락했다고 전한다. 프랑스 재무관은 애호가들의 선망이라는 원죄를 일깨운다. 그의 의도에 따라 제작된 이 그림은 화가가 각별히 아끼던 것으로 열심히 그린 것이었다.

종이에 그린 「앙기아리 전투」는 완성되었다. 1505년 2월 화가가 이 밑그림을 벽화로 옮기는 데에 필요한 거대한 비계가 베키오 궁 대회의실*에 설치되었다. 그렇지만 새로운 '문제의 실험과 탐구에 대한 열정 때문에 레오나르도는 불운을 맞게 된다. 그는 자기만의 비결인 물감을 사용하려고 템페라를 포기했다. 그러나 물감 반죽은 벽면에서 버티지 못하고 변색되기 시작했다. 그는 이런 혼란한 와중에 앙부아즈 추기경의 간곡한 초대를 받았다.

레오나르도가 동포의 이해를 구하지 않았다면 이는 옳지 않아 보일 것이다. 밀라노에서 그는 가까스로 더디게 출세했다. 어쨌든 7년간의 노력 끝에 일급의 지위에 오르지 않았던가. 사실상 스포르차 치세기에 가장 중요한 작품을 완성하지 않았던가? 이 가문의 몰락으로 그는 여행길로 나설 수밖에 없었다. 그가 여행을 하는 동안 예술을 후견하는 모든 궁정에서 그를 주목하고 뒤쫓았다. 피렌체에서 그는 극진한 예우로 환대받았다. 그는 열정적인 소묘가로서 「앙기아리 전투」를 그렸다. 그러나 눈앞에 닥친 어려움이 그를 초조하게 한다. 이 사람은 종종 고집스럽게 작대기를 휘두르는 마술사 같다. 틀림없이, 대회의실의 벽면과 채색은 잘못이었다. 이런 곤혹스런 상황에서 그는 말썽을 부리는 재료와 다시 싸우기 전에 잠시 휴식을 찾고 분위기를 바꾸고 싶어한다. 게다가 그는 프랑스 사람들의 접근에도 관심을 가졌다. 그는 새로운 것을 알고자 하는 시도를 그친 적이 없다. 밀라노에서, 그는 이탈리아에서 그토록 말이 많은 이 나라를 가까이서 관찰할 수 있었고 또 그 나라는 자신에 대한 깊은 관심을 보여주는 증거를 제시했다.

1506년 5월에 소데리니 총독은 밀라노에 갈 수 있도록 석 달간의 휴가를 내주었다. 이 기간이 다 되면 돌아올 생각으로 그는 떠난다. 만약

• '살로네 데이 칭퀘첸토'라고 부른다. 이 벽화는 본문에서 말하듯이 손상되어 사라졌다. 거의 백 년 뒤 루벤스가 그 모사화를 다시 모사한 부분만이 전해진다.

그의 귀환이 늦어진다면 150두카토라는—자신이 가진 것의 4분의 1이다—무거운 벌금을 내기로 한다.

밀라노에 무명의 소청자로서 처음 들어온 지 25년 만에 그는 초조하게 기다리는 손님으로서 입성한다. 그러나 그가 어떤 환대를 받았는지 자세한 기록이 없어 유감이다. 이 오십대의 사내는 앙부아즈 부자, 로베르테, 프랑슈 콩테 출신의 밀라노 총독 주프루아 카를에 둘러싸인 한 그루 삼나무처럼 꼿꼿이 서 있었다. 그들의 눈빛은 궁금증으로 빛나고 있었다. 이 프랑스 사람들은 전장에서 혈전을 벌여왔지만, 로마의 유산이자 모든 활동과 사상을 가장 완벽하게 구현한 이탈리아를 대표하는 인물로 레오나르도를 보지 않았던가. 이런 자격으로 화가는 자기 직업에서는 세계에서 제일가는 인물로 간주될 수 있었다. 게다가 그는 프랑스인이 그토록 중시하는 화술에서 가장 고상한 능력을 보여주었다. 피렌체 사람이 작업하는 동안 기다리면서, 그들은 그의 말솜씨에 넋을 놓게 되었다. 레오나르도는 이렇게 정복자들을 정복하게 되었고 이를테면, 그들의 감탄에 둘러싸였다.

8월 18일, 앙부아즈 원수는 피렌체로 전갈을 띄워 밀라노 체류 기간을 연장해달라고 부탁했다. 그다음 날에는 주프루아 카를도 재차 서한으로 앙부아즈를 대신해서, 9월 말까지 자기 손님을 더 모실 수 있도록 해달라고 요구했다.

어쨌든, 「앙기아리 전투」는 제쳐둔 상태였다. 그뿐만 아니라 소데리니는 레오나르도가 "마땅히 그래야 할 터인데도, 공화국에 바르게 처신하지 않는다"면서 상당히 불쾌한 어조로 답하고 있다. 게다가 그는 이미 착수한 큰 일감에 대해 상당한 액수를 수령했고 또 지체 없이 그것을 끝내야 한다. 한편, 원수 또한 단념하지 않는다. 자기 손님이 피렌체로 돌아가야 한다고 거북해하자, 앙부아즈 추기경은 12월 16일 피렌체 당국에 라틴어 서한을 띄워 화가에 대한 강한 애착을 표했다.

"존경해 마지않는 귀하, 우리의 형제분께(기독교도로서)
귀하의 동포 레오나르도 다 빈치는 이탈리아에서 특히 이 도시에서 탁월한 일을 해왔습니다. 그의 작업을 본 사람들이면 누구나 그에 애정을 느끼게 했습니다, 그를 직접 만나지 않은 사람들까지도 말입니다. 고백하건대 우리 또한 그를 보기도 전에 사랑했을 것입니다. 그런데 그를 만나 다채로운 재능을 직접 경험하여 알게 되면서, 우리는 그림에서 그토록 대단한 그의 명성이, 그가 그토록 높은 수준에 올라 있는 다른 분야에서 마땅한 칭송을 받지 못한 채로 상당히 덮여 있다고 봅니다. 더구나 우리의 부탁을 받아 내놓은 그의 소묘, 건축 등의 시안에서, 우리는 그에게 커다란 감동을 받을 만큼 만족했다는 사실을 인식하고 있습니다. 그를 우리에게 기꺼이 보내주셨던 만큼, 이제 그가 귀국해야 하는 마당에 우리의 소감을 귀하께 표하지 않는다는 것도 도리가 아닐 듯합니다. 우리는 귀하께 진심으로 감사하고 있습니다. 그의 동포에게 빼어난 인물이 존경받을 만하도록 하는 것이 부적절하지 않을 터이니만큼, 우리는 이곳에서 최선을 다하고 있습니다."

이토록 뜨거운 찬사를 받은 이 피렌체 사람은 무슨 일을 하고 있었을까? 건축설계도와 운하 축조 시안 중 일부 스케치만『코덱스 아틀란티쿠스』에 수록되어 있다. 이 무렵의 그의 창작활동에 관해서 유일한 기억이 남아 있다. 잔자코포 트리불치오 기념상 계획안이다.

1506년경, 스포르차의 「카발로」의 작가는 또 다른 유명한 용병대장으로 몰락한 왕조의 극렬한 적을 위해 추모비 건립의 보수로 3046두카토를 영수한 기록을 남겼다. 이는 다시 한 번 예술가의 정신적 독립성을 보여주는 사례이자 세상사에 초연한 그의 태연자약함을 보여주지 않는가!

비제바노 후작 잔자코포 트리불치오는 샤를 8세와 그 계승자들에게 봉사해왔다. 브랑톰*은 그에 대해 이렇게 썼다.

"위대한 이탈리아 장수이자 어쨌든 매우 훌륭한 프랑스 신민이며, 프랑스를 위해 가장 무시무시한 군대를 이끌었다."

루이 12세는 1500년에 그를 밀라노 총독에 임명하고 또 군 원수의 지휘권을 그에게 넘겼다. 트리불치오는 1518년에 샤르트르에서 급사했다. 프랑수아 1세의 눈 밖에 나게 된 울화를 참지 못했기 때문이다.

왕실의 총애를 받으려 그토록 신경을 쓰던 이 "트리불치오 나리"께서는 자기 사후의 명예에도 관심이 컸다. 그는 산 나자로 성당에 세울 묘비에 막대한 액수를 투자했다. 어쨌든 그는 이 계획이 자기가 살아 있을 때 실현되기를 바라 마지않았다. 그러나 트리불치오가 사망한 뒤,

---

• 1540~1614, 프랑스 남서부 브랑톰의 영주이자 문인.

그의 영묘에는 아무도 관심이 없었다. 레오나르도의 시안만이 그 기억을 간직하고 있을 뿐이다.

레오나르도는 실물 크기로, 바닥의 대리석 기단에는 석상 8점을 세워 이 총사령관을 기마상으로 재현하자고 했다.

그런데 과거 「카발로」의 운명을 겪었으므로 더욱 신중하지 않을 수 없었다. 이번에 그는 점토로 거대한 모형을 만들지 않고, 점토와 밀랍으로 작은 모형을 만들기로 작정했다. 그는 총사령관에게서 432두카토를 받았다. 『코덱스 아틀란티쿠스』에 남긴 기록이다.

모든 가능성을 따져볼 때, 예술가는 마음에 드는 작품이 나올 때까지 모형을 여러 차례 부수어버린 듯하다. 어떤 재료도 그가 다루지 못할 것은 없었다. 초벌 작업의 청동주물을 직접 부을 것인가, 아니면 유능한 주물장에게 맡기고 자신은 감독을 할 것인가? 어쨌든 이는 그 유명한 입상을 위한 습작 모형일 뿐이다.

1818년과 1824년 사이에, 헝가리 조각가 에티엔 페렌치가 로마에 있었다. 퐁스와 형제처럼 친한 사이로, 예술품을 손에 넣으려고 식사도 거르곤 했던 페렌치는 로마에서 사망했다. 그런데 거의 한 세기 동안, 카르파테스 촌락에 있던 그의 생가에는 그의 유물함이 쌓여 있었다. 그의 전기를 쓴 부다페스트 미술관장 시몬 멜러 박사는 이 누옥에 들어가 르네상스의 전형적인 작은 입상 사이에서 이 대단히 멋진 청동기마상을 찾아냈다.

탄력에 넘치는 엉덩이로 행진하는 이 말은 종종 레오나르도의 소묘에서 나타나곤 한다.[11] 그 이본은 여덟 점이나 된다. 그 종이에 그린 소묘는 페렌치의 옛 소장품의 청동상과 놀랍도록 닮았다. 알몸에 투구를 쓴 기사는 들러리일 뿐이다. 포효하는 준마는 압도하면서, 어쨌든 그 야성적 분위기의 무한한 우아함을 지킨다.

훗날 문인 루도비코 돌체[1508~1566]는 레오나르도를 이렇게 묘사했다.

"말을 만드는 데에 넋을 잃은 사람…"

부다페스트의 청동기마 앞에서 16세기의 저자가 토한 이런 감탄을 우리도 나누게 된다. 상업적인 장식 청동상과 다르게, 이 소품은 거의 마무리 손질을 하지 않았다. 주물할 때 발생한 기포도 제거하지 않았으므로 모형임이 틀림없다.

가령 레오나르도 자신이 직접 주물 작업을 해본 경험이 없었다 하더라도 그가 이 청동주물을 감독하면서 모형을 제작했음이 확실해 보인다. 작품의 수준이 이런 믿음을 주며, 그러한 박력과 섬세함의 혼합이 바로 다 빈치의 서명과 마찬가지라고 할 수 있다.

걸작 입상을 만들면서도 레오나르도는 계속 그림을 그린다. 그의 공방에서 나온 그림의 인기는 대단했다. 밀라노는 물론이고 프랑스에서도 애호가들 사이에서 화제였다. 그의 명성에 대한 소문은 왕의 귀에까지 들어갔다. 앙부아즈 부자, 로베르테를 비롯한 신하들은 이 천재적인 인물을 왕께 고했고 또 그가 그린 소품 한 점을 보여주었다.

1507년 1월 12일 한겨울 아침, 블루아 성에서 루이 12세는 피렌체 사신 프란체스코 판돌피니에게 피렌체 당국에 밀라노에 머물고 있는 거장 레오나르도를 고용하고 싶고, 자기가 그곳에 도착하기 전에 롬바르디아를 떠나지 않도록 해주기 바란다는 청을 전하도록 했다. 유능한 외교관이던 판돌피니는 다 빈치에 대한 끓어오르는 존경심을 숨기고서 왕의 진의를 파악하려고 능란한 질문을 던졌다. 왕은 화가에게 노트르담에 둘 소품을 주문하려 한다고 답했으나 실은 그 자신의 초상을 그리게 할 생각이었다. 대사는 이렇게 대답했다.

"모두 소품이겠습니다."

이틀 뒤, 왕은 로베르테에게 피렌체 당국에 다음과 같은 서한을 부치도록 했다.

"경애하는 위대한 동지께

피렌체 화가, 거장 레오나르도 다 빈치가 불가분 필요하고 또 그에게 작품 제작을 맡기려 하기 때문에, 하느님께서 도우시면 즉시 잠시나마 밀라노로 갈 수도 있을 것이외다. 간청하건대, 우리가 거장에게 부탁할 작품을 제작할 수 있도록 한동안 거장에게 필요한 시간을 갖도록 해도 좋다고 말씀해주십사 하오."

피렌체 영주는 레오나르도에게 프랑스 왕을 모시라고 지시한다. 국왕이 롬바르디아의 수도로 근엄하게 행차할 때를 대비해 화가는 기발한 장치를 준비한다.

피렌체 사람들은 프랑스 지지자들을 "백합에 덮인 무리"라고 부르고 있었다. 이런 말에서 레오나르도는 사자 한 마리를 만들 생각을 하게 되었다. 사자는 왕에게 다가가, 가슴을 젖히고서 벌떡 일어서면서 왕의 발밑에 황금백합이 그려진 파란 공들을 쏟아내게 했다.[백합 장식무늬는 프랑스 군의 상징이다.〕루이 12세는 이런 경의를 표하는 독창적 발상에 크게 즐거워하면서 작가를 환대했다.

"경애하는 거장 레오나르도 다 빈치"는 "상근 화가, 기술자" 자격을 얻었다. 그의 실생활은 국왕이 제공한 은급으로 해결되었다. 또 그의 관개수로 공사 덕분에 12옹스의 저수지도 양도받았다. 그리고 마침내 프랑스 사람들이 스포르차의 증여를 취소하면서 잃었던 베르셀리 문밖의 포도밭도 되찾았다.

다 빈치는 이제 다시금 포도덩굴을 올린 정자 밑에서 산책하고, 명상에 젖거나 브라만테의 둥근 지붕을 올려다볼 수 있게 되었다. 이 친구는 로마에 살고 있었다. 그가 그토록 오래전부터 가보고 싶었던 로마에서 말이다. 백발의 홍조를 띤, 극성스런 거인 율리우스 2세가 또 다른 피렌체 사람 미켈란젤로를 후원하고 있던 곳 말이다.

이 영원의 도시 로마로 리니를 따라가려던 계획이 수포로 돌아간 뒤로 레오나르도는 종종 로마를 생각하고 있었다. 하지만 그는 당분간 집안일 때문에 피렌체로 돌아가야 했다.

세르 피에로가 사망한 지 3년이 지났으나 그의 유산 상속 문제는 여태 해결되지 못했다. 레오나르도의 이복동생은 무슨 이유 때문인지 화가의 몫을 나누어주려 하지 않았다. 따라서 화가는 피렌체 재판정에 호소할 수밖에 없었다. 가능한 한 이 재판이 신속하게 끝나길 바랐던 루이 12세는 영주에게 화가를 배려해줄 것을 당부했다.

"그 소송을 쫓아다니지 않고서 그가 우리 사람 곁에서 계속 종사할 수 있도록…"

앙부아즈도 피렌체 당국에 신속한 대응을 촉구한다.

"독실한 기독교도인 국왕 폐하의 화가가 폐하께서 매우 중시하는 판자화를 그려야 하기 때문입니다."

열렬한 애호가 이폴리토 데스테도 여기에 편승했다. 그러나 얼마나 헛수고였던가! 더딘 공무 서류상의 지체에 대해 이 고관대작들도 대책이 없었다.

소송인(레오나르도)은 수학자인 피에로 브라치오 마르텔리의 집에 묵었다. 과거 베로키오의 도제였고 연금술과 신비술에 관심이 많던 조각가 조반니 프란체스코 루스티치도 같은 골목에 살고 있었다. 다 빈치는 여기에서 작은 지식인 동아리 틈에서 지냈다. 아메리고 베스푸치도 여기에 참여했다. 베스푸치 가문은 도메니코 기를란다요에게 온니산티 성당에 「자비로운 동정녀」를 그리도록 보시한 덕분에 피렌체 동포들 사이에서 평판이 대단했다. 「자비로운 동정녀」는 그 외투로 생존 시 피렌체 대법관을 지낸 어르신 아메리고 베스푸치 일가의 모든 망자를 감싸 안은 모습이다. 일찍이 베로키오 공방에 있을 때, 레오나르도는 1472년에 사망한 이 존경받던 상서尙書의 두상을 목탄으로 그린 적이 있었다. 할아버지와 이름이 같은 손자 아메리고는 레오나르도보다 두 살 아래였다. 그는 메디치 은행원으로 사회생활을 시작해서 세비야[에스파냐 남부 도시]에서 베라르디와 동업으로 지점을 운영했고, 콜럼버스의 3차 원정에 비용을 대는 데 일조했다. 그 뒤 그는 쾌속범선에 오르려고 회사를 그만두고서 아메리카 연안을 항해했다. 그가 여행 중에 로렌초 데 메디치와 피에로 소데리니에게 쓴 편지는 은밀하게 유통되다가 『신세계』라는 제목으로 출간된다.

이 여행자가 고향에 돌아왔을 때, 어린 시절의 추억과 그들의 과학에 대한 열정으로 두 사람은 다시 가까워졌다. 이 탐험가가 화가에게 빌려준 기하학 책이 이들의 공동 관심사를 증명한다. 바로 아메리고 베스푸치가 에스파냐 자연과학자 곤살로 프레난데스 데 오비데오를 레오나르도에게 소개했을 것이다.[12]

화가는 자신의 연구에 몰두하면서도 국왕의 화가로서 의무를 잊지 않았다. 1510년 그는 제자 살라이노를 앙부아즈에게 보내 자신의 소송 건이 거의 끝나가고 있으니, 곧 밀라노로 돌아가 독실한 기독교도인 국왕 폐하를 위해 그린 두 점의 성모상을 가져가겠노라고 알렸다.

리자 제라르디니를 만난 뒤부터 그의 붓끝에서 나온 모든 여성상과 마찬가지로, 그 동정녀는 조콘다의 갸름한 난형 얼굴을 닮았다. 동정녀는 머릿수건 같은 것을 두르고 있다. 또 면사포로 이마를 가리고 있다. 둘로 땋은 머리는 가슴까지 흘러내린다. 그녀는 한 손으로, 등나무 십자가를 두 손에 쥐고 있는 깜찍한 아기를 끌어안는다.

이 그윽한 원작은 유실되었다. 이 소품의 복제품마다 다른 배경을 보여준다. 몽레알에 있는 로베르 레드포르의 소장품과, 배터시 경의 모사화는 흰 눈에 덮인 산이 배경이다. 뷔클뢰슈 공작의 소장품에는 바위에 둘러싸인 호수가 등장한다. 루브르에 있는 슐리히팅 소장품에는 부두가 붙은 성 한 채가 들어서 있다. 동정녀의 드레스를 장식하는 백합에서 그 원작이 프랑스 국왕에게 바치려고 했었음을 알 수 있다.

능숙한 제자들이 그린 이 모사화들은 이 작품이 얼마나 인기를 끌었는지를 증명한다. 그 성공에도, 레오나르도는 점점 더 그림을 그리려 하지 않았다. 그는 「앙기아리 전투」를 다시 그리기 시작했지만 끝내지는 못했다. 다만 "깃발의 전투"라는 별명이 붙은 가운데 군상은 대회의

실 벽면을 찬란하게 밝혔다. 그것을 보고 감탄한 군중이 몰려들었다. 1513년, 영주는 결국 "레오나르도의 손으로 그린 인물상"을 보존하려고 울타리를 설치했다. 수많은 당대인이, 대단한 활력으로 넘치는 이 작품이 남긴 유일한 기억으로서 그 작품을 모사했다. 훼손된 이 작품은 그로부터 오십 년 뒤에 영원히 사라져버렸다.

이런 실패 이외에도 레오나르도가 회화에서 등을 돌린 것은 특히 지적인 연구 때문이다. 그는 가장 다양한 정보를 활용하면서 모든 영역을 탐구한다. 책을 읽고, 사실을 직접 관찰하고, 명상하면서… 그는 인간 지식의 심연을 관측한다. 그는 비록 그 근본에까지 이르지는 못하더라도, 그다음 수 세기 동안 과학이 밝혀내게 될 많은 것을 직관적으로 이해하고 있었다는 명예를 얻게 된다.

이 위대한 선구자는 생각나는 대로 작업한다. 그의 수첩에서 그의 관념이 어떻게 탄생하는지 볼 수 있다. 그는 자기 자신만을 위해 글을 적었다. 그런데도 이 흩어진 종잇장들을 분류해야 쓸모 있겠다고 생각하는 때가 찾아왔다. 그는 수첩 속에 이렇게 써넣었다.

"1508년 3월 22일, 피렌체의 피에로 디 브라치오 마르델리 집에서 시작. 여기에 수많은 공책을 베껴둔다. 나중에 그것을 다룬 문제에 따라 알맞게 정리하자."

이 보편적 인간은 언젠가는 백과사전 같은 것을 편찬할 수 있게 되길 바라면서 방대한 소재를 끌어 모았다. 이 계획은 그의 생각에서 그쳤다. 어쨌든 그것을 실현하자면 그의 능력 이상의 지속적인 노력이 필요

했을 것이다. 앎에 대한 그의 열병은 그를 갑자기 하나의 과학에서 다른 과학으로 건너뛰게 하곤 했다. 예술 작업을 배려하는 동안에는 연구에서 손을 떼야 했다. 그리고 항상 호기심에 넘쳐 빈번하게 옮겨다니는 생활로, 그는 불안정한 사상가 기질에 충실하기는 했어도 수없이 중단할 수밖에 없었다. 그는 피렌체와 밀라노를 오갔다. 프랑스 왕은 거의 이십 년간이나 화가와 산 프란체스코 수도원장을 대립하게 했던 분쟁에 종지부를 찍는다. 암브로조 데 프레디스는 그 자신의 이름과 다 빈치의 대리인 자격으로, 거의 사반세기 전에 주문했던 그림에 종지부를 찍는다. 모든 신빙성을 따져볼 때, 롬바르디아 영주는 화가와 수사들의 분쟁이 종결되자마자 지금은 루브르에 있는 「암굴의 성모」를 손에 넣었을 듯하다. 레오나르도와 프레디스는 산 프란체스코 수도원을 위해 복제화를 제작했다. 이것이 18세기 말에 영국으로 건너가게 되어 지금은 내셔널 갤러리[런던]에 소장되어 있는 것이다.

이해득실과 물적 생활의 번잡도 이 위대한 놀이꾼에게 그다지 영향을 주지 못한다. 그는 우주의 심연 속으로 유영하고자 지상을 쉽게 잊어버린다. 그는 별자리에 대한 책을 쓸 준비를 한다. 그는 태양을 칭송하는 것부터 시작한다. 그가 예찬한 별은 대단히 고통스런 세상을 밝혀준다. 죽음으로 친구들은 어둡게 갈라지고 만다. 리니의 뒤를 이어 앙부아즈 추기경도 사망한다. 또 그 한 해 뒤에는 그의 조카 쇼몽 나리가 그 뒤를 따른다. "산(알프스) 너머"에 있던 국왕의 총사령관은—서른여덟 살이었다—코르들리에 당부아즈[제화조합 부속성당]의 지하실에서 영면한다. 가스통 드 푸아가 그를 계승했다. 같은 해—1511년—레오나르도는 어느 날 아침 밀라노 근처 데지오에서 스위스 사람들이

지른 불길이 치솟는 것을 본다. 그는 온종일 밖에서 그날의 일에 몰두한다. 그는 수첩에 대기의 이동과 화염의 형태를 스케치하며 보낸다.

이 가벼운 불씨가 라벤나의 대화재로 이어졌다. 프랑스 사람들은 롬바르디아를 떠나고, 일 모로의 후계자 마시밀리아노 스포르차가 밀라노에 다시 정착한다.

피렌체도 얼마나 변했는가! 피에로 소데리니는 면직되었다. 그리고 피렌체의 문장에서 거대한 붉은 십자가는 사라졌다. 금빛 바탕의 원반 장식이 들어섰다. 18년간의 망명생활 끝에 메디치가는 정권을 다시 장악한다.

로렌초 대공의 신조는 "다시 돌아올 것이다"가 아니었던가? 그의 자식들은 훈풍에 돛을 단 듯했다. 같은 해, 메디치 추기경은 교황 레오 10세에 올랐다. 동포의 열광은 끝이 없었다. 그 열광으로 도시는 불바다가 되다시피 환호의 불꽃이 지붕을 덮었다. 원로원에서는 이런 광란을 멈추게 하려고 엄격한 칙령을 내려야 했다.

피렌체 출신 교황이 등극하면서, 레오나르도는 오래전부터 구상하던 계획을 실현할 기회를 맞게 되었다. 새 교황은 줄리아노와 동기간이었다. 라파엘로가 그린 초상 속에서 줄리아노의 얼굴은 활처럼 휜 눈썹과, 둥근 턱수염과, 심각한 표정의 창백한 말처럼 긴 얼굴이다. 이 개화한 예술 애호가가 다 빈치를 로마로 불러들였다.

1513년 9월 24일, 레오나르도는 멜치, 살라이노와 또 다른 두 제자 로렌초, 판포이아와 함께 밀라노를 떠났다.

거장은 바티칸의 벨베데르 궁에 기거했다. 그곳의 여러 방들이 그의 뜻대로 가구를 갖추었다. 그의 작업 노트를 보면, 그 아파트의 창문은 다섯 개였다. 가구는 소박했다. 포플러 나무탁자 4개, 옷장, 궤짝, 삼단짜리 책장, 장의자 셋, 작은 의자 여덟. 물감을 개는 데에 쓰는 용기대도 빠트리지 않았다.

벨베데르의 숙소에는 로마에 있던 그의 옛 친구들이 몰려들었다. 브라만테, 파치올리, 교황 조폐소장인 피렌체 사람 안토니오 세니, 또 교황 건설공사 회계사라는 막중한 임무를 맡아 쾌활한 모습을 잃어버린 아탈란테 밀리오레티.

방문객 가운데 바티스타 델라퀼라도 있었다. 그는 교황과 또 유명한 수집가 그리마니 추기경의 비밀시종이었다. 그리고 그의 아버지인 불운한 제독도 있었다. 제독은 케르소를 탈출해 로마로 피신 중이었고, 레오나르도는 그를 수첩에 스케치하기도 했다.

예술가들도 그의 숙소 문을 두드렸다. 이 손님의 인품에 끌려온 사람도 있었고, 화실에서 그의 작품을 보고 싶어 안달하여 찾아온 사람도 있었다. 「조콘다」도 있었다. 리자 부인의 초상은 거장의 곁을 떠난 적이 없었다. 로마의 청년 화가 가운데 가장 뛰어난 라파엘로 산티도 이 작품에 매혹되어 지금은 루브르에 있는 붓으로 그린 스케치를 서둘러 하게 했을 정도였다.

손님들의 큰 관심을 끈 또 다른 작품은—유화를 위한 밑그림인지 소묘인지 알 수 없다—레다를 재현한 여인 나체상이었다.

어느 시대에나, 미술가들은 이 유명한 스파르타 왕비에 홀리곤 했다. 신화에서 바로 주피터가 그녀에게 접근하려고 백조로 변신했었다. 그리마니 추기경은 관능적으로 당당하게 다가서는 이 신성한 새를 맞이하는 그리스의 레다 상을 갖고 있었다. 베네치아에 머물 때, 레오나르도는 지금은 총독 궁에 있는 이 대리석 부조를 보았을 것이다. 또 다른 헬레니즘 석상들도 사랑하는 사람의 날개에 갇혀 몸을 비트는 여왕을 보여준다.

레오나르도는 오래전부터 레다에 대한 생각에 사로잡혀 있었다. 그는 두상과 머릿결의 움직임을 세밀하게 그려보곤 했다. 멋지게 땋은 머리에 관자놀이를 감고 있고 머리카락이 삐져나오고 있는데, 이런 가벼운 흐트러짐은 되레 주피터에게 희생되는 고통에 대한 매력적인 표현이 된다. 또 다른 소묘에서 화가는 자세를 다양하게 바꿔보았다. 무릎을 꿇은 백조의 애인은 한 아기를 가슴으로 감싸 안고, 다른 세 아기는 그녀의 발목에 매달린 모습이다. 또 곧게 서 있는 자세에서 시선은 갓난아기를 바라보고 애무하는 손길로 대담한 신을 끌어안는다.

바로 이 마지막 스케치를 라파엘로는 로마에서 보고 모사했다. 레다는 두 손으로 백조를 끌어안고 있다. 이런 자세에서 젊은 여인의 풍만한 젖가슴이 적나라하게 솟아오르게 되고, 엉덩이는 조화롭게 출렁인다. 머리의 표현은 레오나르도의 습작에서 본 것과 같다. 표정과 시선은 조콘다와 비슷하다. 즉 라파엘로가 조콘다를 살짝 움브리아풍*으로 가필한 셈이다. 이 소묘는 현재 윈저 성의 왕실 소장품에 들어 있다.

벨베데르 궁 안의 화실에 있던 놀라운 작품과 그곳에 살고 있던 천재는 시내에서 대단한 화제였을 것이다. 그는 레오 10세의 위대한 사업

---

* 구비오, 페루자를 중심으로 번창한 화파. 페루지노가 대표적인 화가. 본문의 맥락에서는 화사한 장식성을 가미했다는 의미가 된다.

에도 결정적으로 이바지할 수 있었다. 사실상, 다 빈치는 안폰테 강의 치수 사업에서 로마 농촌의 배수 계획을 교황께 제출했다. 인류를 사랑하는 사람과 수리학자가 이 계획에서 하나가 되어 말라리아로 황폐해진 방대한 지역을 정화하고 미화하려 했다.

고위급 후원자들과 그 자신의 인품 덕분에 레오나르도는 떠오르는 별이 되었다. 그런데 그를 극진히 배려하면서도 교황청은 그의 빛을 끌어들이기를 주저했다. 그는 이미 예순한 살이 아니던가? 그는 이미 로마의 주인들과 다른 세대 아니던가? 그는 주인들의 부모 세대였다. 두 시대 사람들의 습관을 갈라놓는 심연에 그의 보편성에 대한 놀라움이 추가되었다. 사람들은 그의 놀라운 적성보다, 기술자든 예술 실기든 구애 없이 종사할 수 있는 성상 작가를 선호했다.

그러나 대단히 탁월한 지식인 카스틸리오네는 로마인의 의견을 이렇게 요약했다.

"이 세상에서 첫손을 꼽는 화가가 그렇게 뛰어난 자신의 예술을 무시하고 있다. 철학 공부에 몰두하고 있기 때문이다. 철학에서 그는 정말로 이상한 관념과 새로운 공상에 사로잡혀 있는데, 이는 그 자신의 그림으로도 묘사할 수 없을 그런 것이다."[13]

불과 애호가 몇 사람만 그에게 주문을 냈다. 그는 교황청 비서관 발타사레 투리니에게 아기와 함께 있는 동정녀 한 점과 잘생긴 청년 상한 점을 그려주었다. 바사리 시대에 이 작품들은 페시아[토스카나 지방], 줄리오 투리니의 재산 목록에 들어 있었다.

교황 성하는 오직 라파엘로에게만 감탄하면서 일을 청했다. 라파엘로는 이제 산 피에트로 대성당의 공사 총감독이자 건축가에 임명되었다. 1515년 벰보가 작성한 짧은 교서에서, 레오 10세는 이 우르비노 출신 화가를 당대 최고의 화가라고 공언하지 않았던가?

레오나르도는 로마의 대역사大役事에서 자신이 배제되고 이 어린 동료가 절대적 총애를 받는 데에 쓰라리게 상심했다. 게다가, 줄리아노데 메디치가 사부아에서 결혼식을 올리기 위해 로마를 떠나 부재중이었던 것도 그를 외롭게 했다. 줄리아노는 사부아에서 얼마 뒤 사망하게된다.

루이 12세도 세상을 떠났다. 1515년 10월, 그를 계승한 프랑수아 1세가 밀라노로 입성했다.

예술가들은 새로운 군주의 호감을 얻으려고 애썼다. 어떤 롬바르디아 조각가는 동정녀 부조상과 벌거벗은 아기 예수상을 깎아 청년 군주에게 바쳤다. 그렇지만 군주는 「최후의 만찬」에만 감탄하면서 이 작품을 경건하게 음미했다. 그는 심지어 이 작품을 벽에서 떼어내 프랑스로 가져갈 궁리까지 했다.

12월 중순경에, 마리냥에서 승리한 프랑수아 1세는 레오 10세를 만나려고 볼로냐를 찾았다. 프랑스의 가장 눈부신 제후들이 왕을 수행했다. 그 반대편에서는 마치 자줏빛 구름 같은 것이 몰려들었다. 스물네명의 추기경들이 교황 성하를 둘러싸고 있었던 것이다. 거리는 기쁜 함성으로 넘쳤다. "프랑스, 프랑스!"

종각의 종소리가 울려 퍼지고 트럼펫 소리도 가라앉은 뒤, 왕은 마침내 「최후의 만찬」의 작가를 만나볼 짬을 찾았다. 이렇게 두 사람이 대면했다. 늘씬하고, 이제 막 턱수염이 자라기 시작한 이 젊은 왕은 "정력으로 불타오르는 듯이 보였다"—파올로 조비오가 한 말이다. 적극적인 행동가인 데다가, 그는 정신적으로도 호기심이 왕성했다. 찬란한 권력과 쾌락을 즐기면서도 그는 나이와 대의명분을 존중했다. 그는 이탈리아 말을 할 줄 알았으므로 자신이 오래전부터 알고 싶어하던 탁월한 인물과 허물없이 대화를 나눌 수 있었다.

화가의 태도에는 총애를 받으려는 신하의 조급함 같은 것이 전혀 없었다. 레오나르도는 예술가의 눈으로 젊은 용사의 매력적인 모습을 훑었고 존경과 관심으로 그에게 다가갔지만, 무엇보다 자신만의 절도를 잃지 않았다.

이 첫 번째 만남은 서로에게 유익했다. 그런데 노화가가 볼로냐의 포도鋪道가 깔린 주랑을 거닐고 있는 동안, 그는 운명의 기이한 변덕을 깊이 생각했으리라. 그토록 젊은 시절부터 기다려온 후원자를 이제야 만났던 것이다.

궁정에서는 왕의 명예를 드높일 화가를 찾고 있었다. 다 빈치와 프랑수아 1세의 관계를 상세히 전하는 자료는 단 하나뿐이다. 화가가 볼로냐에서 그의 신하 한 사람의 초상을 그렸다는 것…. 잔인하고 단호해 보이는 이상한 표정의 독수리 같은 인상에 바짝 마른, 잔인하고 늙은 군인이었다. 암브로시아나 도서관에 소장되어 있는 이 붉은 색연필 그림에 다음과 같은 글이 적혀 있다.

"메트르 아루투스, 프랑스 국왕 시종장侍從長."

이 수수께끼 같은 시종장은 누구일까? 당시 장년이던 부아시 영주 아르튀 구피에는 분명히 아니다.

한편, 로베르테는 다 빈치를 자신의 왕께 완전히 봉사하도록 하려는 숙원을 포기하지 않았다. 그다음 해, 다 빈치는 프랑스로 가는 데 동의 했다. 세계에 대한 호기심에 넘치는 이 사람은 새로운 나라를 알고 싶어 조국을 떠나기를 주저하지 않았다.

1510년부터 그는 산타 마리아 누오바 병원에 여러 점의 소묘를 위탁 해왔다.[14] 그는 자신이 특별히 간수하던 채색화들을 포함해서 다른 소묘들을 거기에서 찾아 가지고 갔다. 어쨌든 그의 작품 대부분은 이탈리아에 남겨두었고 그에 대한 정보는 주로 이것들에서 나왔다.

당시 풍습대로 그는 문하생, 조수, 도제 등 하는 일이 애매하거나 실질적인 동업자이기도 한 여러 "가르초니(문하생)"와 더불어 작업했다. 이 동반자들의 이름은 레오나르도의 수첩에서 찾아볼 수 있다. 1490년에 자코모 안드레아와 또 다른 자코모, 그다음에는 자난토니오(볼트라피오로 더 잘 알려졌다), 1493년에는 줄리오 테데스코와 마에스트로 토마소. 그다음 해에는 풀리소나, 갈레아초. 1495년부터 1500년 사이에는 아리고, 1504년에는 다시금 토마소와 자코모 테데스코. 끝으로 1505년에 거장은 대회의실을 그리기 위해 조수 두 사람을 채용한다. 즉 토마소 디 조반니 마시니와 라파엘 안토니오 디 비아조, 또 1플로린에 안료 제작을 전담한 페란도 스파뇰로가 그들이다.

이 시기에, "보테가"마다 작은 화파를 이루고 있었다. 레오나르도도 제자와 조수로 한 동아리를 갖고 있었다. 그러나 당시 밀라노에서 그가 세웠을 전설적 아카데미를 언급한 당대의 기록은 전혀 없다. 물론 대영

박물관에는 다음과 같은 명문을 두른, 담쟁이덩굴의 화관을 쓴 청년의 프로필을 보여주는 판화 한 점이 있다. ACHA, LE. VI.(레오나르도 다 빈치 아카데미.) 같은 명문을 가운데 둔 둥근 엮음장식을 보여주는 또 다른 판화들도 있다.[15] 『코덱스 아틀란티쿠스』에서도 레오나르도는 이와 같은 엮음장식을 그려놓았다. 그렇지만 한복판은 텅 비워두었다. 따라서 이 유명한 "아카데미"의 표장은 레오나르도의 사후에 롬바르디아 판화가들이 끼워넣은 것일 수밖에 없다. 바로 사라진 거장이 상상을 채워주던 시대에 말이다.

그토록 강렬한 삶에는 특권을 누린 몇 사람이 따르게 마련이다. 당대의 한 익명의 연대기 작가는 차라투스트라 데 페레톨라, 리초 피오렌티노를 그의 제자로 꼽았다. 바사리는 볼트라피오, 마르코 도지오노, 살라이노〔잔 자코모 카포로티의 별명〕를 꼽는다.

이 모든 주변 사람 가운데 일급 화가로 성장한 사람은 볼트라피오와 체사레 다 세스토뿐이다.

조반니 안토니오 볼트라피오는 1467년생이다. 밀라노 명문가 출신인 그는 1482년부터 1499년까지 레오나르도의 도제였다. 런던과 부다페스트, 밀라노 폴디 페촐리 미술관 소장의 그윽한 동정녀 상과 때때로 다 빈치의 작품으로 간주되던 다른 동정녀 상도 이 시기의 작품이다.

사부와 제자는 같은 공방에서 일하면서 종종 같은 모델을 이용했다. 레오나르도는 뾰족한 연필로 앞으로 살짝 머리를 숙인 청소년의 미묘한 특징을 즐겨 포착했는데, 이런 세련된 소묘는 루브르 소묘관에서 볼 수 있다. 같은 모델이, 「마돈나 리타」라는 이름으로 에르미타주 미술관에 소장된 동정녀를 그린 제자를 위해 포즈를 취했다. 모든 가능성을 따져본다면, 이 제자는 볼트라피오일 수밖에 없다.

위대한 피렌체 정신에 도취된 볼트라피오는 이상적 여성상을 그리지 않고 길에서 마주친 남녀를 생생한 모습으로 그렸다. 그는 이런 장르의 훌륭한 작품을 남겼다. 브레라 미술관 소장의 무릎을 꿇은 늙은 일꾼이나 루브르 소장의 「카시오 일가」처럼 군상이 있고, 루브르 소장의 「머리장식을 두른 미녀」라는 별명으로 불리는 처녀와, 밀라노 모체니고 소란초 백작부인이 소장하고 있는 초록빛 상의를 입은 부인 같은 인물상이 있다. 그렇지 않으면, 런던, 베른 등 기타 여러 개인이 소장하고 있는 보다 엄격한 초상도 있다.

거장의 공방에서 나온 회화작품 가운데, 볼트라피오의 것이 레오나르도에 가장 근접했다.

체사레 데 세스토는—마조레 호수 부근, 세스토 칼렌드로 출신이라 그런 이름이 붙었다—이탈리아 전역을 돌아다니면서 레오나르도, 조르조네, 라파엘로 그리고 플랑드르 화가에게 영향을 받았다. 어쨌든, 그의 소묘에서 그는 항상 첫 번째 스승의 자취를 간직한다. 세스토의 재능을 정확하게 평가하자면, 우선 그의 소묘를 주목하는 편이 좋다. 소묘에서만은 다른 어떤 레오나르도의 제자보다 그가 발군이다. 종종 그의 빠르고 정확하게 그린 소묘를 레오나르도의 것으로 착각할 정도로 그의 소묘는 명예롭다.

롬바르디아의 오레노라는 벽촌 출신, 잔 자코모 카프로티는 아주 어려서 레오나르도의 화실에 들어왔다. 다 빈치는 수첩에 이렇게 적었다.

"1490년 성녀 막달라 마리아의 축일에, 자코모가 문하생으로 들어왔다. 그다음 날, 나는 저고리 한 벌, 바지 두 벌과 외투 한 벌을 맞추어 주었다. 그렇지만 이 아이는 자기 옷값으로 치를 돈을 함에서 훔쳤다—도둑질하고, 거짓말하고 탐식한다—진실이 뻔한데도 완강하게 고백하지 않았다. 그다음 날 나는 자코모 안드레아(페라라 출신의 기술자)와 바로 그 어린 자코모와 저녁 식사를 하러 갔다. 그는 2인분을 먹고 나서 4인분을 더 먹었다. 포도주 3병을 마시면서 술을 쏟아버렸다."

이 어린 도제는 공방의 골칫거리였음을 알 수 있다. 사부는 그를 "살라이노[악동]"라고 불렀다. 풀치의 시 「모르간테」에서 따온 위악스러운 별명이다.[16] 그런데 이 짓궂은 아이는 실수를 벌충하고도 남을 만큼 자질을 보였다. 왜냐하면 레오나르도는 항상 그를 선의로 대했고, 옷가지와 쇠뇌까지 사주었으며, 그가 도제 생활을 한 지 15년쯤 되었을 때에, 그에게 그의 누이의 지참금에 보탤 돈도 빌려주었기 때문이다.

1510년부터, 베르첼리 인근에 있는 레오나르도의 포도밭은 이 제자의 아버지에게 임대했다. 늙은 카프로티가 사망하고서 잔 자코모는 포도밭 주인이 되었다.

살라이노는 자질 있는 화가였을까? 그의 것으로 간주되는 작품은 정말이지 놀랍다. 그런데 그 지표와 서명과 기록이 확실한 것은 전혀 없고, 그의 것이라고 할 수 있는 전통도 거의 없다. 이 화가의 진품이 없기 때문에, 살라이노라는 이름으로 공상적으로 분류된 작품들이 괴상스런 모양으로 나돌고 있다. 이 충실한 동반자는 거장의 공방에서 일했던 평범한 말단 직원이었다고 믿어진다. 거장은 수첩에 이렇게 적었다.

"만약 내가 혼자라면, 완전히 나 자신을 지키겠지만, 그렇지 않고 어느 누구라도 함께한다면, 그보다도 못하게 될 것이다."[17]

그는 이렇게 고립을 자초한다. 그런데, 그는 고독에서 벗어나 믿음직한 사람을 찾았다고 생각될 때면 그 깊은 정을 쏟았다. 과거에 밀라노에서 루카 파치올리가 믿음직한 동반자였다면 이번에는 어린 프란체스코 멜치가 있었다.

멜치의 집안은 롬바르디아의 땅 바프리오 다다의 유서 깊은 귀족이었다. 그 훌륭한 저택에서 루이 12세의 용병대장이었다가 훗날 프랑수아 1세의 고위직을 지내게 되는 지롤라모 멜치가 레오나르도를 종종 환대했다.

강을 끼고 도는 높은 산마루 위에 자리 잡은 바프리오 마을은 롬바르디아 평야를 굽어본다. 왼쪽으로는 베르가모 산봉우리들이 보이고, 그 뒤로 알프스 정상이 보인다. 이 장중한 풍경 한가운데로 마르테사나 강의 물줄기는 밀라노로 평화롭게 손님을 실어다준다. 옛날에 그 강의 거친 상류를 레오나르도가 건너지 않았던가.[18]

물가의 높은 보루 위에 지은 멜치의 별장은 돌로 쌓아 절제되고 힘차면서도 근엄한 정면을 갖추고 있다. 브라만테를 연상시키는 우아한 원주가 떠받치는 주랑이 보이는 정원 쪽은 한결 아늑하다. 레오나르도가 이 별장을 고치는 데 이바지했을까? 그는 1507년경에 바프리오에 머물렀고 그곳에서 지롤라모의 열일곱 살짜리 아들 프란체스코를 만났다. 이 굉장한 손님 앞에서 그 소년이 얼마나 흥분했을지 상상해보자. 그 무렵 미술에 애호가 이상으로 깊은 관심을 쏟았던 멜치는 귀족 신분으로서 그것을 직업으로 삼은 첫 번째 세대일 것이다. 그는 밀라노, 로마 등지로 레오나르도를 따라갔고 그 뒤로 그와 결코 헤어지지 않았다.

멜치는 「최후의 만찬」에서 이미 유다 역의 모델을 서기도 했고 문하생이 된 지 3년 만에 매끈하게 면도한 그 늙은이를 연필로 그렸다. 이 종이에—지금은 우피치 미술관 소장품이다—이 초심자는 순진한 자부심으로 이렇게 적었다.

"프란체스코 멜치, 열일곱 살"

멜치는 훌륭한 화가가 된다. 그러나 그의 작품보다 인간이 더욱 훌륭했다. 미술을 열렬하게 좋아하고 신중하며, 세련된 그는 롬바르디아의 한 송이 고운 꽃과 같았다. 그의 품위와 정신적 호기심은 그를 마치 영적인 자식처럼 여겼던 그 고독한 노인의 깊은 신뢰를 받을 정도였다.

그런데, 어떻게 이 매력적인 청년에 끌리지 않을 것인가? 세월은 흐르고, 나이든 동료들은 차례로 사라졌다. 체사레 다 세스토는 이탈리아를 돌아다녔다. 브라만테와 프레디스 형제는 사망했다. 게다가 60대의 거장이 롬바르디아 수도를 떠나기를 작정했던 바로 그해에 볼트라피오의 장례를 치렀다.

한편, 작품이 사람보다 더 빠르게 거장의 소식을 퍼트렸다. 그의 그림을 볼 기회가 없던 사람은 그 소묘에서 영감을 취하면서 이 공방에서 저 공방으로 찾아다니거나, 갖은 애를 써가며 베끼고 모사했다. 그의 소묘는 이를테면 오늘날의 사진과 같았다. 가우덴치오 페라리, 소도마, 코레조 등—최상급 화가만 꼽더라도—다 빈치를 만난 적이 없었던 수많은 화가가 그의 천재성에 매혹되어 그를 추종한다.

레오나르도는 1516년에 마지막 여로에 올랐다. 그의 제2의 고향이던 롬바르디아에 마지막 작별의 눈길을 보내던 순간의 그의 감정은 어떠했을까? 롬바르디아는 그의 삶과 작품에서 가장 큰 부분이었다. 그 자리에 다 빈치는 경이로운 수첩을 남겨놓았다. 그 속에 윈저 성의 놀라운 연필화에, 폭풍이 쓸어버리는 종말론적 장면처럼, 그의 가장 고상한 영혼을 남겨두었다.

그는 혹시 대홍수를 재현한 그림을 생각하기도 했을까? 그 수첩 한쪽을 보면 그럼직하다.

"세찬 비바람에 천지는 어둡다. 빗줄기는 바람에 떠밀려 비스듬히 떨어진다. 먼지처럼 대기 속에서 파장을 일으키며, 물줄기가 모여 이루는 홍수와는 다른 모습으로. 그 색채는 구름을 가르는 우뢰와 뒤섞인다. 번개는 범람하는 계속된 커다란 호수들을 후려치며 갈라놓는다. 후경에서는 푸른 숲이 굽이친다."
"넵투누스[해신]는 삼지창을 들고 물 한가운데에서 솟아나온다. 뿌리 뽑힌 채 거대한 비바람에 뒤섞여 떠도는 풀잎을 몰고 다니는 바람과 함께 아이올로스[바람의 신]가 나타난다. 공처럼 둥근 지평선은 줄기찬 낙뢰에 불타오른다. 갈팡질팡하는 사람들과 또 거대한 소용돌이에 말려드는 동산처럼 물 위에 떠 있는 큰 나무 위 둥지에 들어앉은 새들이 보인다."

북쪽으로 향할수록 작은 행렬이 더 온화한 하늘 밑으로 들어가길 기대해야 한다. 그렇다, 마침내 뽕나무밭과 포도밭이 가득한 평야가 펼쳐지지 않던가. 커다란 노인과 날씬한 신사 프란체스코 멜치, 살라이노와 바티스타 데 빌라니스, 이름만 남긴 이들은 각자 상상의 길을 터놓았다. 그리고 하녀 말라치나가 뒤를 따랐다. 호위하는 병사들과, 짐바리 말들도 발을 맞추며 프랑스 국왕의 방패무늬 천에 덮인 당대 최고 화가의 가장 귀중한 작품을 싣고서 먼 길을 향해 발걸음을 재촉했다.

『코덱스 아틀란티쿠스』 중에서

6장

앙부아즈

『코덱스 아틀란티쿠스』 중에서

레오나르도의 여로는 어떠했을까? 그는 마조레 호수의 꽃 핀 해변가를 따라 종려나무 숲을 거쳐 전나무가 우거진 어두운 협곡으로 들어섰으리라. 얼음으로 덮인 산정 위로 별들이 반짝인다. 도랑이 제멋대로 물거품을 터트리는 낭떠러지 곁에서 발길은 떨어지지 않는다. 레만 호수의 거대한 유리 같은 수면은 사람과 짐승의 원기를 돋우어준다. 여기서부터 주네브까지는 편안한 길이다. 그러나 잠시 라르브 강[몽블랑에서 흘러내리는]의 요란한 물줄기는 이 늙은 수리학 전문가의 눈길을 끈다. 그는 그 자신처럼 멀리 높이 솟은 흰 산마루를 향해 작별의 눈인사를 보낸다. 그러고 나서 석공이 대리석 대신 화강암을 쪼고, 잿빛 하늘이 이탈리아의 쪽빛 아마포를 대신하는 프랑스 땅을 며칠 더 지나간다.

산맥 아래로는 숲이 끝없이 출렁이며 펼쳐진다. 계곡에서는 마을의 연기가 피어오른다. 그곳에서 하느님의 고딕 첨탑과 귀족의 뾰족한 지붕과 천민의 초가가 줄을 잇는다.

행렬이 지날 때, 선량한 사람들은 눈을 크게 뜬다. 동방박사가 지상으로 돌아왔을까? 그런데 군주처럼 풍채가 당당한 흰 복장의 기사 뒤에, 발타자르*의 칠흑 같은 얼굴을 찾아볼 수 없지 않은가. 짐바리 짐승의 문장紋章에도 수수께끼 같은 말이 적혀 있다, 즉 왕을 찾아가는 나리이다. 겨드랑이에 모자를 끼고서 촌사람들이 들판의 바람처럼 속보로 지나는 이 행렬을 눈으로 쫓는다.

수평선에서 피어오른 하얗고 커다란 뭉개구름 아래, 루아르 강*이 금빛 모래톱과 희끗희끗한 버들잎 사이로 미끄러지듯 흐른다. 여행자들은 마침내 멀리 종점이 나타나자 등자 위에서 몸을 일으킨다. 강변에 서 있는 성이다.

루아르 강변의 바위산에서 앙부아즈는 강물에 그 톱니무늬가 새겨진 정면을 반사하고 있다. 이 왕의 거처 곁에 화관花冠 같은 별채들이 자리 잡고 있다. 「정원사의 분관」과 「시동의 성」이다. 나폴리 사람 파셀로 데 마르콜리아노가 샤를 8세를 위해 설계한 테라스 아래에, 따분한 보초처럼 서 있는 둥글고 굵은 탑에서 멀지 않은 곳에 아담한 성이 있다. 즉 "르 클루" 또는 "르 클로"가.

루이 11세 공관의 집사 에티엔 르 루는 국왕의 안전을 도모하기 위해 이 성을 짓게 했다. 마차가 드나들 수 있는 반통 궁륭을 올린 문 왼쪽으로 트인 회랑을 갖춘 벽에 판자를 덧댄 벽돌 건물 한 채가 있는데, 그곳으로부터 궁수들이 정원으로 개조된 버드나무 숲과 아마스 강둑을 감

• 아기 예수의 탄생을 축하하러 오리엔트에서 베들레헴을 찾아온 동방박사 중 한 사람. 다른 두 사람은 가스파르, 멜키오르다.
• 프랑스에서 내륙 한복판을 가로질러 대서양으로 흘러드는 가장 긴 강.

시할 수 있었다. 안채는 두 개의 T자 형이다. 입구 왼쪽에 자리 잡은 첨두홍예를 올린 예배당, 가파른 지붕, 팔각형의 소탑, 조각으로 난간을 장식한 합각머리에서 여전히 15세기의 취미가 드러난다.

루이 드 리니가 사망한 뒤, 르 클루는 왕에게 귀속되었다. 아랑송 공작과 부인 마르그리트 당굴렘이 한동안 여기에서 살았다. 프랑수아 1세는 이 성을 루이즈 드 사부아에게 양도했다. 왕이 레오나르도를 묵게 했던 이곳은 바로 이 대비大妃의 소유였을 때였다. 물론 레오나르도는 르 클루를 잘 알고 있었을 듯하다. 과거 루이 드 리니가 그 성주였으니 말이다.

실내에는 커다란 방이 여덟 개 있었다. 오늘날에는 사라진 나선형 계단은 이층으로 통했다. 바로 그곳에서 레오나르도는 대들보가 튀어나온 방을 차지했다. 거기에는 가문이 그려져 있었다. 성 미카엘의 훈장을 두른 프랑스의 백합 세 송이가 높은 화덕 위를 장식했다. 빈치 가의 방패꼴 문장도 있었다. 세 줄짜리 세로무늬가 새겨진 방패꼴 금장식이 벽을 수놓았다. 바깥으로는 성의 화단이 펼쳐졌다.

프랑수아 1세는 귀빈 화가가 가장 완벽한 독립생활을 할 수 있는 처소를 마련했다. 물론 왕은 은밀하게 그를 보러 지하 복도로 참호에서 클루까지 드나들었다. 과거에 이 비밀통로는 재미를 보러 빠져나가기 쉽게 하려는 것이었는데, 이제 레오나르도를 자주 찾아보게 하는 왕의 심심풀이에 쓰였다.

클루 성에 입주한 사람들에게 하사한 은급도 프랑수아 1세의 귀빈 대접이 어떠했는지 증언한다.

왕이 권좌에 오를 때, 왕실 화가로 부르디숑, 페레알과 이들 두 노대가 곁에 모데나 출신 니콜라스 벨린, 피렌체 출신 바르톨로메오 게티, 또 자매 클루에가 있었다. 부르디숑과 페레알은 1516년 당시 봉급이 240리브르였고, 클루에는 160리브르를 받았다. 왕실 회계 장부에 기록된 레오나르도의 봉급은 금화 1000에퀴였다.

 "이탈리아인, 위의 리에나르*와 함께 일하는 프란시스크 데 멜체*는 400에퀴를 지불하였다. 리에나르 씨의 하인 살라이노는 100에퀴를 지불하였다."

 금화 에퀴는 당시 3리브르 가치였다.
 이 피렌체 사람과 그 식솔은 투렌 지방에서 동포도 만났다. 앙부아즈에는 이탈리아 이민촌이 있었다. 지롤라모 솔로브리니는 그곳에 도자 공방을 열고 있었다. 지롤라모 파사로티는 "국왕 포수"로서, 대포를 주조하고 대리석을 다루었다. 레오나르도가 클루에 정착했을 때, 파셀로 데 마르콜리아노도 여전히 이웃에 살고 있었을 듯하다. 이 국왕 정원사는 1505년에 샤토 가야르의 토지를 매입했다가 그것을 1518년에 프랑스의 대지주 르네 드 사부아에게 되팔았다. 파셀로는 나폴리로 돌아갔지만, 자신의 회고록을 남겼다. 그가 아마스 강가에 오렌지 나무를 이식하지 않았던가? 샤토 가야르 영지는 국왕께 오렌지 다발을 공물로

• 레오나르도의 옛 불어 표기.
• 멜치의 옛 불어 표기.

바치고 있었다.[19] 이렇게 거물 망명자는 창밖으로 고향의 친근한 관목 숲을 내다볼 수 있었다. 생생한 초록 잎사귀들 사이로 그 열매는 투렌 지방의 잿빛 하늘 아래 작은 태양들처럼 반짝였으리라.

르 클루는 공부하는 사람에게 훌륭한 은거지였다. 꿀벌이 윙윙대는 소리와 버드나무 가지를 건드리면서 졸졸 흐르는 냇물 소리만이 들리곤 했다. 하지만 이따금 이 평화로운 전원을 뒤흔드는 무시무시한 괴성도 울려 퍼졌다. '주인 나리' 즉 이탈리아 사육사 조반니 안토니오에게 인사하는 사자들이 질러대는 소리였다.

기사의 무용담을 즐기는 호전적인 세상에서 사자는 대단히 중요한 상상거리였다. 1517년 9월, 왕은 로른 지방의 아르장탕으로 누이 마르그리트 드 발루아를 찾아갔다. 마상시합이 끝난 뒤 어떤 은자가 왕 앞에 무릎을 꿇더니 자기 고장을 황폐화했던 사자 한 마리를 거두어주십사 하고 간청했다. 야수가 나타났을 때, 프랑수아 1세는 막대기로 두드렸다. 그러자 사자는 입을 열고서 백합꽃이 수놓인 파란 공들을 토해냈다.〔앞에서 이야기했던 은자는 레오나르도이다. 이 일화는 레오나르도가 왕을 즐겁게 해주려고 고안한 가짜 사자 이야기이다.〕

루이 12세가 밀라노에서 어떤 영접을 받았는지 기억해보자. 레오나르도가 도제 시절이었을 때, 그는 1518년 르 클루에서 개최될 축제의 조직을 맡았다. 안뜰은 하늘의 궁륭을 상징하는 쪽빛 천막으로 덮였다. 그 위로 해와 달과 행성들이 수를 놓았다. 횃불 400개가 장관을 이루며 밝혀지고, 과거 밀라노 스포르차 성에서 대성공을 거두었던 「낙원제」와 같은 종류의 무언극이 펼쳐졌다.

1518년 5월, 왕의 조카딸 마들렌 드 라 투르 도베르뉴가 교황 레오

10세의 조카, 로렌초 데 메디치와 혼인했다. 앙부아즈 광장 한복판에 개선문이 세워지고, 연단 주위로 아름다운 부인과 고상한 나리들이 전쟁놀이를 참관하러 모여들었다. 그 전날에 가설한 요새에서, 철갑을 두른 나무 대포들이 으르렁거리며, "커다란 술통 구멍에서 **빠져나오는** 듯이 바람으로 가득한 거대한 공들이" 풍선들을 쏴대었다. 플로랑주 원수는 이렇게 기록했다.[20] 풍선들은 성벽 위로 별 탈 없이 떨어지면서 터졌다. 이런 오락을 조직했던 기막힌 재간을 엿볼 수 있다.

조직자로서 의상과 기계를 제작하는 일은 어쨌든, 레오나르도에게는 여기에 불과했다. 이 늙은 마법사는 궁정의 큰아기들을 위해서 즉흥적으로 동화를 지어냈던 셈이다. 어쨌든 그 성의 고요함 속에서 그의 내면생활도 흘러갔다.

이 공부하는 사람은 그 무렵 서재에 책을 받치는 선반에 둘러싸여 있었다. 선반은 그 당시 허리띠라는 이름으로 불렸다. 비로드 테두리를 두르고 커다란 천에 덮인 가구 속에는 원고뭉치와 흥미로운 물건이 가득했다. 레오나르도는 이 바쁜 은퇴생활의 성소를 벗어날 때에, 전통에 따라, 아래층의 아마스 강 쪽으로 트인 커다란 공방으로 계단을 타고 내려갔다. 공방에는 이탈리아에서 가져온 그림들은 물론 거장의 마지막 초벌 그림들이 있었다. 이런 사실은 1517년 10월에 르 클루를 찾았던 루이지 다라고나 추기경의 여행을 수행했던 돈 안토니오 베아티스의 증언으로 알려졌다.[21]

돈 안토니오는 그림 석 점에 관심을 두었다. 우선 현재 루브르에 있는 「세례 요한」이다. 검은 바탕에서 돋보이는 이 소년은 고개를 약간 숙인 채, 왼손에 쥔 십자가를 가슴에 끌어안고 오른손으로 축원의 손짓

198

을 하고 있다. 복원으로 인해 이 작품의 원래 모습보다는 부자연스러워졌을 것이다. 그의 모발은 창백한 나신을 절반쯤 가리고 있는 짐승[양]의 털과 마찬가지로 마호가니 색조를 띤다. 그러나 복원하던 때의 신중치 못한 붓 자국과 얼굴에 덧칠한 광택제도 깊은 음영에 녹아들고 빛으로 젖은 이 유화의 매력적인 독창성을 완전히 가리지는 못한다.

아라고나 추기경의 비서를 놀라게 했던 두 번째 작품은 성녀 안나의 무릎에 앉은 「동정녀와 아들」이었다.

이미 1501년 4월에 이사벨라 데스테에게 부친 편지에서, 피에트로 디 누볼라리아는 레오나르도가 동정녀와 성녀 안나를 스케치하고 있다고 전했다. 영국 왕립한림원은 흑연으로 그리고 백묵으로 가필한 그 도화지를 소장하고 있다. 이 그림에서 동정녀는 성 안나 곁에 앉은 채, 어린 성 요한에게 몸을 기울이는 아기를 안고 있다. 동정녀와 그녀의 어머니는 빈치가 좋아한 갸름한 얼굴이다. 그녀들은 아름답지만 개성은 없다. 레오나르도는 이 그림에 수년간 매달리다가 팽개쳤다가 또다시 최후의 날까지도 완전히 끝내지 못하고서 붙들고 있었다. 첫 번째 구상은 상당히 달라졌다. 즉 아기는 어린 양과 놀고 있다. 전망은 폭포처럼 흘러내리는 물줄기가 활력을 돋우는, 바위가 삐죽삐죽 솟은 깊은 계곡 속으로 펼쳐진다. 『코덱스 아틀란티쿠스』에서 아다에서 파데르노로 이어지는 협곡을 그린 스케치가 이 풍경의 밑그림이었다. 그런데 런던의 소묘와 루브르의 채색화를 비교해볼 때 특히 성모의 달라진 모습이 놀랍다. 그 흰 면사포는 이마 가운데까지 내려온다. 흐트러진 머리는 어깨를 가벼이 스친다. 시선은 약간 부드러우면서도 감정이 풍부하다. 1501년의 초안 이후 나타난 리자 부인의 모습이다. 화가는 이 여성의 모습에 사로잡혀 있다. 동정녀에서 그 표현이 다시 나타난다. 성 안나의 얼굴에서도. 그가 피렌체의 수호성자 세례 요한을 창작할 때에도, 이 젊은 순교자는 일종의 남성화한 리자 부인의 모습을 띤다.

돈 안토니오는 세 번째 작품 앞에 섰다. 그에 따르면, "줄리아노 메디치의 성화에 못 이겨 실물을 보고 그린 피렌체 부인 같아 보였다." 물론 이 여행자의 착각이다. 문제의 초상은 「조콘다」였다.

로마에서부터 줄곧 그를 따라다닌 이 소중한 초상은 프랑스까지 그를 따라왔고 그곳에 영원히 머무르게 된다. 이 비할 데 없는 작품 곁에서 이미 오래전에 착수한 또 다른 그림 한 점이 있었다고 생각해야 마땅하다. 즉 로마에서 초안을 본, 라파엘로를 완전히 매료했던 「레다」인데, 레오나르도는 이 작품을 르 클루에서 완성한다. 16세기에 여러 모사본이 증거로 남아 있고, 그 세기 초에 퐁텐블로까지 쫓아가 이 유명한 작품을 보았던 포초 디 카시아노의 증언을 잊지 말아야 한다. 레오나르도가 판자에 그린 「레다」 한 점이 1692년의 재산 목록에 실려 있다. 그 뒤 그것은 자취를 감추었다. 세월이 흘러도, 탐구자들은 이 매혹적인 유실물을 잊지 않았다. 1775년, 노바레 출신의 학자 베난치오 파가베라는 다 빈치의 열렬한 애호가가 당시 베르사유 궁에서 아델라이데 부인에게 이탈리아어를 가르치던 골도니에게 편지를 써서, 퐁텐블로에 와서 이 문제를 조사해달라고 간청했다고 한다. 8월의 폭염에도, 마음씨 좋은 골도니는 안경을 챙기고서 프랑수아 1세의 성으로 달려가 창고를 뒤졌다. 하지만 허사였다. 「레다」는 찾을 수 없었다. 그렇지만 이는 놀랍지 않다. 왜냐하면, 포초 디 카시아노 시절에 이미 그림은 매우 훼손되어 있었고, 판자는 거의 갈라져 있었기 때문이다.

분명 파괴되고 말았을 이 작품을 위한 밑그림은, 비록 경박한 의견을 내세우는 사람들이 레오나르도를 악의적인 여성 혐오자로 여기려고 했지만, 그가 더할 나위 없이 빼어난 여체를 그린 화가임을 보여준다. 이 모든 사실로 미루어볼 때, 「레다」만 그런 종류의 유일한 채색화는 아니었을 것이고, 다 빈치가 같은 정신에서 그린 또 다른 「나체의 조콘다」가 있었을 것이라고 믿음직하다.

알소프의 스펜서 경의 소장품 가운데 놀라운 작품이 있다. '주랑' 난간에 팔꿈치를 기대고 앉은 리자 부인이 망토를 흘러내려가게 하며 몸통을 보여주고 진주모〔전복〕빛 허벅지를 드러내고 있다. 이 작품은 레오나르도의 것은 아니다. 그렇지만 그 제자 가운데 누군가가 거장의 채색화 아니면 스케치를 본떠서 그렸을 것이다. 거장이 그녀의 벗은 모습을 볼 틈이 있었을까? 아니면, 레옹 보나처럼 가장 근엄한 고객의 허벅지를 뜨거운 상상으로 그려내던 방식을 따랐을까? 리자 부인을 아름다운 요정의 몸매로 재현한 당대의 작품들이 상당수 있다고 알려져 있다.

그 중 한 점을 팔란차에 있는 카우페 씨가 갖고 있다. 프리몰리 백작도 한 점을 로마에 있는 자신의 궁에 소장하고 있는데 로스필리오시의 사무실에서 나온 것으로 다음과 같은 사족이 붙어 있다.

"프랑수아 1세의 정부, 조콘다 상."

런던의 모이어 매켄지 경의 자택이나, 에르미타주 미술관에서도 같은 주제를 볼 수 있다. 런던에 있는 이 마지막 작품은 제자 프란체스코 멜치의 손으로 그린 것일 가능성이 크다.

1890년에는 파리의 피오 콜렉션에서 경매된 샤브리에르 아를 소장품에서 루이니라는 이름으로 그 이본이 나왔다. 오말 공작은 샹티이〔콩데 미술관〕에 기증하려고 「리자 부인의 나신」을 그린 소묘 한 점을 천 프랑에 구입했는데, 이것은 1861년 발라르디 경매에 나온 것이다. 은밀하게 복원했지만 이 책〔지금 우리가 읽고 있는 저자의 책〕표지에 실은 이 습작에서 어쨌든 조콘다의 매력이 엿보인다.

노대가의 강한 개성과 왕의 우정 덕분에 그는 숭배에 가까운 존경을 받았다. 더구나 프랑수아 1세는 한 여인의 명예를 조금이라도 해치려는 데에 관대하지 않았다. 그는 험담이나 중상을 그냥 넘기지 않고 가혹하게 처벌했다. 조심성 없고 서투른 화가가 조콘다 부인의 나신을 그리면서 즐길 수 있고 레오나르도의 제자들 가운데 그런 위악을 즐기는 모방자가 많았다는 사실을 어떻게 생각해야 할까?

모든 작품이 유실된 한 점의 원작〔조콘다의 나체화〕으로 거슬러 올라간다는 것은 분명하다. 따라서 화가가 매력적인 모델이 깨워주는 일시적인 호기심 이상으로 더 은밀한 관계를 저 피렌체 여인과 맺고 있었다고 할 수밖에 없을 것이다. 프랑수아 1세의 친지들은 르 클루의 공방에서 베누스 모습의 조콘다를 보았을 것이고, 그 관능적인 궁정을 사로잡은 아슬아슬한 초상의 유행도 바로 그 작품에서 시작되었을 것이다.

베누스로 분한 리자 부인은 화장대 옆에서 혹은 욕조에 앉아 상반신을 드러낸 젊은 여인의 모습으로 재현된 일련의 나신을 내놓게 했다.[22]

후대 사람들은 이 흠잡을 데 없이 완벽한 젖가슴을 보여주는 여인들을 디안 드 푸아티에라고 하거나, 가브리엘 데스트레라고 부르기도 했다. 주네브 미술관에 있는 「사비나 포페아」*처럼 투명한 천으로 나신을 가리기도 했다.

프랑수아 1세는 레오나르도를 아주 좋아했지만, 이 귀빈이 군주의 초상을 그렸는지는 알 수 없다. 그런데 1518년에 레오나르도가 생존해 있을 때, 어린 클루에로 보이는 화가가 국왕을 세례 요한의 모습으로 그렸다. 그는 갈대 십자가를 쥔 채 어린 양을 끌어안고 있다. 후경 왼쪽 에서 나뭇가지에 앉아 있는 앵무새가 보인다. 과거 도우스덜 미술관에 있던 이 그림은 현재 헨트 미술관(벨기에), 윌랭 드 루 컬렉션에 들어 있는데, 르 클루의 세례 요한에서 영향을 받은 듯하다.

그림으로 가득한 판자와 종이뭉치로 뒤덮인 노대가의 공방 한복판 에서, 하얀 비단으로 지은 몸에 꼭 끼는 저고리를 입고 서 있는 스물네 살의 국왕을 상상해보자. 프랑수아 1세는 보는 눈이 있었다. 그는 미 술작품이 주는 심오한 내적 기쁨을 음미할 줄 알았다. 1518년, 그는 루이지 곤차가에게 자기 궁전의 화가들 이야기를 하면서, 당대 최고 화가들의 작품을 갖고 싶다면서 특히 "베누스"가 있으면 좋겠다는 욕 심을 보였다.

왕은 활달한 지적 호기심으로 예술을 후원했다. 그는 심오하고 명석 한 대화를 즐기려 했다.

그는 심지어 식사 중에도 책읽기와 대화를 즐기도록 했다. 경호대장

• 현재 주네브 예술·역사 박물관 소장. 이른바 퐁텐블로 화파의 수법을 잘 보여주는 수수께끼 같은 작품이다.

과 시종 사이에서 의자에 등을 기댄 채, 이 젊은 왕은 얼마나 진지하게 손님의 이야기를 경청했던가 말이다!

이런 대화의 시간은 프랑수아가 그 늙은 친구의 방을 찾아갔을 때 더 활발했을 것이다. 이탈리아 말로 이런 "라지오나레", 즉 해가 저문 저녁 나절에 나누는 고상한 대화는 피렌체의 옛 풍습이었다. 수준 높은 교양에 사로잡힌 군주와 원숙한 사고에 도달한 노인이 생각을 교환하는 데에는 황혼이 적절했던 것이다. 군주는 그에 대한 평가나 찬사의 증거를 남기지는 않았다. 벤베누토 첼리니에 따르면, 페라라 추기경과 나바르 왕 앞에서 그가 했다는 다음과 같은 말을 인용해도 충분하다.

"레오나르도처럼 학식이 풍부한 사람이 이 세상에 다시 있을 것 같지 않습니다. 그림과 건축뿐 아니라 철학에서도 얼마나 대단했습니까."

프랑수아와 다 빈치의 대화를 기록한 연대기 작가나 서기가 없었다는 것은 얼마나 안타까운 일인가! 그 옛날의 밤은 재능이 넘치는 두 사람의 광채로 얼마나 찬란했을까!

군주와 예술가는 모든 분야에 호기심이 넘쳤다. 그들은 모든 주제를 건드렸을 듯하다. 왕은 건축에 열정적인 화가에게 건설 계획의 현안을 빠짐없이 이야기했을지 모른다. 프랑수아 1세를 위해 행한 작업에서 레오나르도는 실제로 어떤 역할을 했을까? 다 빈치의 창의력이 샹보르 성의 기초가 되었다고들 생각한다. 사실상, 레오나르도의 친구이자 후견인인 플로리몽 로베르테 재무관[23]이 사망하고 남긴 유산 목록에서 "샹보르 전체 구상"이 나왔다.

관개 수리에 대한 그의 경험 덕에 여전히 기술자들이 저항했던 프랑스에서 물의 흐름을 연구할 수 있었다. 그는 물줄기를 루아르 강부터 앙부아즈까지 그려놓았다. 그는 강물이 그 지역에 순응하게 되도록 루아르 강을 손 강과 연결시키는 방대한 계획도 구상했다.

그런데 고상한 생각에 함몰된 사람들은 종종 자신을 잊어버리곤 한다. 레오나르도 또한 쉴 틈 없이 부지런히 일하면서 자기 나이를 잊고 있었다. 그런데 그는 나이보다 더 늙어 보일 정도로 노쇠해갔다. 베아티스는 그를 칠십대로 보았다. 예순셋이었는데 말이다.

예술과 학문을 권장하고, 예술가와 학자, 엘리트를 키워내는 데 크게 고취된 군주는 레오나르도야말로 귀한 자문역이라고 믿었다. 그의 뛰어난 천재성으로 사실상 프랑수아 1세가 그다음 세대에 퐁텐블로에서 만개하게 되는 것보다 더 우수한 예술의 중심지의 초석을 놓도록 해주었다. 다 빈치가 전력을 다해서 알프스 산맥을 넘었다면, 그는 자신이 택한 이 나라의 사상과 취미에 어떤 역할을 하려 했을 것이다. 그러나 레오나르도가 프랑스로 건너왔을 때, 그의 나이는 이미 갱년기를 넘어 늙어가고 있었다. 그의 건강은 오락가락했고 따라서 조용히 떨어져 지내야 했다. 그는 마치 군주처럼 떨어져 살았다. 오직 특별한 몇 사람만이 그에게 접근했고 또 그의 작품에 감탄하고 그 놀랍도록 다양한 재능을 누릴 수 있었다.

어쨌든 그를 불러들인 사실 자체가 젊은 군주와 그 신하에게는 영광이었다. 당대인으로서 예술을 하기란 쉽지 않았던 데다 진정한 장점이자 진정한 위대성을 탐구하기도 쉽지 않은 일이었기 때문이다. 프랑수아 1세와 조정대신은 일시적으로 유명세를 타는 사람이 아니라 최고의 거장을 선택할 줄 알았다. 그들은 거장의 자존심과 고고함을 존중했고, 홀로 일에 몰두하는 습관도 존중하면서, 실제 왕자의 위신에 버금가는 거처를 제공했다.

레오나르도는 항상 덧없는 일상의 자극에 관심이 없었다. 그런데 프랑스에서 그가 받은 대접은 격동의 세월을 다 마감하는 무렵에 커다란 위안이었음이 분명하다. 지칠 줄 모르는 관찰자요, 늘 호기심으로 깨어 있던 이 사람은 이 새로운 조국의 인간과 사물을 깊이 주시했다. 루아르 강변으로 넓게 펼쳐진 포도밭 사이를 거닐면서, 그는 때때로 고향 빈치의 시골 처녀들을 생각하지 않았을까? 어떻게 이 토스카나 사람이 상식을 세련시킬 줄 아는 투렌 지방에서 즐겁지 않을 수 있겠는가? 앙부아즈의 노인들이 문간에 앉아 하던 말을 들으면서 그는 높은 계단 위에서 늙은 코시모가 하던 말을 기억하지 않았을까?

"달을 붙잡으려고 기를 써봐야 헛일일세!"

복 받은 투렌 땅 한복판에서—이 프랑스의 토스카나에서—레오나르도와 멜치와 하인들은 당시 풍습대로 가족과 같이 화목하게 살면서 2년을 보냈다. 그런데 베아티스가 주목한 바로는, 1517년부터 거장은 "여느 때처럼 차분하게" 그림을 그리지 않았다. 그는 스케치를 하거나 제자들에게 조언을 할 뿐이었다.

그는 암브로시아나 소장의 붉은 연필화에서 옆모습을, 토리노에 있는 또 다른 연필화에서는 정면으로 자화상을 그렸다.[24] 눈썹이 무성한 얼굴에서 선의가 번뜩인다. 세월은 그의 지극히 침착한 모습을 건드리지 못한 채 얼굴을 할퀴고 지나갔다. 그 이마는 구름에 닿을 듯하다. 마치 아리스토텔레스의 청동상처럼 훗날 이 초상을 청동으로 떠냈다고 해서 전혀 놀랍지 않다. 밀라노의 로마초라는 사람은 그를 프로메테우스와 비교했다. 사실상 그 시선에는 무언가 이루지 못한 것이 담겨 있다. 이미 떨리기 시작한 오른손은 그의 몰락을 예고하고 있었다. 그는 이렇게 쓰지 않았던가.

"오 시간이여! 만물의 파괴자여… 헬렌은 거울을 들여다보면서, 세월이 깊게 새겨진 얼굴의 주름을 들여다보면서 울부짖으며 이렇게 생각하지 않았던가? 어째서 두 번씩이나 나를 빼앗는고?(…) 오 시간이여, 만물의 파괴자여 증오에 찬 노년이여…"

시든 왕비라면 사라져버린 자신의 미모에 통곡한다. 하지만 위대한 인간은 자신의 일이 더딘 것에 한탄한다. 레오나르도는 누구나 겪을 운명에 더 단호히 맞섰다. 1518년 7월 24일, 앙부아즈에서 그는 수첩에 이렇게 썼다.

"계속하리라."[25]

하지만 인간의 의지에는 한계가 있는 법이다. 그는 차츰 기력을 잃어갔다. 그는 언제나 누구에게나 찾아오는 밤이 가까웠다고 느꼈다.
그는 죽음을 두려워하지 않았다. 그는 이렇게 쓰지 않았던가.

"하루를 잘 지내면 잠이 즐겁듯이, 한평생 잘 때웠으니 즐겁게 죽으리라."[26]

　그는 의학적 지식이 있던 만큼 자신의 상태에 대한 환상은 없었다. 1519년 4월 23일, 그는 앙부아즈 재판소 공증인인 기욤 보로 씨를 부르도록 해놓고 유언을 받아 적게 했다. 이 자리에서 에스프리 플레리 신부, 생 드니 성당 사제 기욤 크레장, 거장 시프리앵 퓔생, 그리고 앙부아즈 성 프란체스코회 수도사 프랑수아 드 코르토네와 프랑수아 드 밀랑이 지켜보았다.[27]

　레오나르도는 기회주의가 판치던 당시로서는 매우 드물게 완전한 정신적 독립을 보여주었다. 이런 자세 때문에 주위 사람에게 그는 공손한 편은 아니었다. 무지에 대한 끝없는 불안은 그의 사고력을 높고도 깊은 곳으로 이끌었다. 무지에 대한 고민과 고뇌야말로 이 사람이 세상에서 처음 받은 인상 아니었던가? 도도한 이 사상가는 어린 시절의 종교적 분위기로 되돌아왔다.

　그는 자기 영혼을 하느님과 동정녀 마리아와 성 미카엘 천사장과 또 천국의 지복천사와 성자, 성녀께 바치는 것에서부터 시작했다. 그는 성당 참사회와 앞에서 말한 임종한 수도사들에 이끌려 앙부아즈의 생 플로랑탱 성당에 묻히길 원했다. 교구장과 부교구장이 주도하는 세 차례의 예배가 생 플로랑탱에서 집전될 것이다. 같은 성당과, 생 드니 성당과 성 프란체스코 수도원 성당에서 서른 번의 작은 예배도 올릴 것이다.

　지상에 남은 동료들에게 기원을 해주면서 그는 밀라노 근교에 있는 자신의 포도원의 절반은 바티스타 데 빌라니스에게, 나머지는 살라이노 등 두 하인에게 주었다. 르 클루의 가구와 살림살이, 그리고 밀라노 근처 산 크리스토프 운하의 물에 대한 레오나르도의 권리도 빌라니스에게 주었다.

그는 하녀 마튀린도 잊지 않았다. 그녀에게는 모피를 두른 고급 검정 나사망토와, 나사모자, 그리고 2두카토를 남겼다.

유언을 들어준 수사들에게는 피렌체 산타 마리아 누오바에 맡겨둔 4백 스쿠디와, 피에솔레에 있는 밭을 유증했다.

멜치는 상속인이자 유언집행자로 지정되었다. 바로 그가 장례식을 마친 뒤, 60명의 성직자가 돌볼 수 있도록 60명의 가난한 사람에게 돈을 나누어주었다. 스물여섯의 청년에게 이 노인이 신뢰와 존중으로써 남긴 유언은 다음과 같다.

"마찬가지로, 위의 유언자는 상기한 밀라노의 프란체스코 델 멜치에게 과거에 그가 보여준 훌륭한 봉사에 대한 보답으로, 현재 유언자가 갖고 있는 모든 것과 책, 그리고 그의 회화와 예술과 관련된 다른 도구와 초상[28] 일체를 그에게 주기로 한다.

마찬가지로, 위의 유언자는 상기한 프란체스코 델 멜치가 남은 은급과 또 그가 사망할 때까지 그에게 필요한 연금이 될 금전을 회계관 주앙 사팽 씨로부터 수령하도록 한다….

이와 나란히, 위의 유언자는 상기한 멜치에게 르 클루 현장에 있는 모든 의복을 양도한다. 이는 그가 지금까지 훌륭하게 봉사한 데에 대한 보상일 뿐만 아니라, 그가 이 유언자를 위해서 했던 수고와 피로와 구속의 보상으로, 유언자의 비용으로 모든 사례를 할 것이다."

멜치와 빌라니스 곁에서, 레오나르도는 1519년 4월 23일 이 유언장에 서명했다. 그의 종말을 예고하는 거의 감다시피 한 침침한 눈으로. 그러나 종말에는 기다림이 없었다.

상당히 극적인 전설이 그의 죽음에 결부되었고 또 앵그르는 그것에 고취되어 「레오나르도를 임종하는 프랑수아 1세」라는 유명한 화폭을 그렸다〔루브르 소장〕. 죽음이 임박한 사람의 머리를 팔로 받쳐주는 왕을 재현한 이 그림은 회화로 쓴 소설이나 다름없다. 그 반박할 수 없는 증거는 바로 그날 조정朝廷이 생제르맹에 소집되었기 때문이다. 그러므로 현실은 허구보다 더욱 감동적으로 보인다. 추기경과 조신과 시동이 찬란하게 둘러싼 대신, 제자와 하인 몇 사람만이 죽어가는 사람의 방 한구석을 조용히 지키고 있었기 때문이다. 벌들이 그 5월 한낮의 눈부신 침묵 속에서 윙윙댔을 것이다. 프랑수아 드 코르토네와 프랑수아 드 밀랑, 그리고 하느님이 보내주신 벌들이 묵주신공默珠神功을 올리고 있었다. 모든 것이 빈치의 포도밭의 순박한 시골에서 벌어지듯이, 이 프란스체스코회의 어린 두 형제 사이에서 위대한 인간이 마지막 숨을 거두었다.

8월 12일, 예순 명의 가난한 노인이 앙부아즈, 생 플로랑탱 성당에 안치된 영구대 주위에 예순 개의 양초를 심었다. 깊은 비탄 속에서 유해가 관 속에 놓이는 동안, 투렌 주민은 흰 상복을 입고서, 개양귀비 꽃이 활짝 피고 포플러만이 흔들리는 온화한 고장을 피리를 불면서 돌아다녔다…. 당대의 어떤 사람은 이렇게 적었다.

"이 성당 안뜰에 거장 리오나르 드 뱅시˙가 매장되었다. 고귀한 밀라

노 사람으로, 국왕의 수석 화가이자 기술자, 건축가요, 국가 기술자
요, 과거 밀라노 공작의 회화관장이었다.
1519년 8월 열이렛날이다."²⁹

앙주 백작은 옛날에도 앙부아즈에 생 플로랑탱의 유해를 이장했었
다. 그래서 이 도시에 이 성자의 이름을 딴 성당이 두 곳이나 된다. 노
트르담 앙 그레브와 생 플로랑탱 성당이다. 또 루아르 강변에는 노트르
담 생 플로랑탱 뒤 샤토 성당이 여전히 자리를 지키고 있다. 이 훌륭한
로마네스크 성당은 대혁명의 와중에 국가의 재산으로 매각되었다.
1802년에, 나폴레옹은 로제 뒤코를 앙부아즈 상원의원에 명하고서 그
성당을 복권해주었다. 이 신임 상원의원은 예술 복원을 아주 단순하게
생각했다. 그는 자신의 초안을 측량사에게 맡겼다. 측량사는 상태가 불
량하다고 진단하고서 건물의 불필요한 여러 부속건물을 제거하자고 제
안했다. 이런 선고를 받은 건물들 가운데, 생 플로랑탱 뒤 샤토도 끼어
있었다.

"이 건물은 파손 상태는 최악이며, 그 밖에도, 고원의 한복판에 자리
잡고 있어, 놀랄 만큼 경관을 해치나이다."

로제 뒤코의 고상한 작업을 수행한 이 사람은 생 플로랑탱에서 털어

• 불어 방언 식으로 표기한 거장의 이름.

낼 부분의 가치를 5689프랑으로 평가했다. 건자재에 대한 이런 평가는 대단히 용의주도했음을 보여준다. 제단 색유리창은 150프랑이다. 비석과 화강암 묘는 모두 아홉 개인데, 개수되는 성당에 재사용하기로 했다.[30] 관의 납 장식은 주물공장으로 갔고, 버려진 뼛조각은 철부지들이 무엄하게 갖고 놀게 되었다.

신중치 못한 이 상원의원에게 감각이 뛰어난 정원사가 있었다. 이 용감한 사람은 한때는 장엄한 장례식을 치렀을 이 유해를 수레로 거둬들여 안뜰 한구석에 묻었다.

비록 관 속에 안치되지는 못했어도 망자가 방해받지는 않았다. 그러나 1863년, 아르센 웃세가 레오나르도가 안장된 곳을 찾는다면서 생플로랑탱 뒤 샤토 터를 발굴했고 또 해골더미를 찾아냈다. 내진에 눕힌 유해 하나가 발견되었는데 손을 머리에 얹고 있었다. 사람들은 바로 그 곁에서 묘석 세 조각이 나왔는데 거의 희미해진 비명을 판독했다고 생각했다.

EO DUS VINC

발굴단장은 이 돌들을 제대로 보관하지 않았다. 결국 유해가 실제로 다 빈치의 것인지에 대해선 아무런 증거가 없다.[31]

뼛조각은 생튀베르 예배당으로 옮겨졌다. 어떤 성상 작가가 그 정면에 기증자들의 상을 세웠다. 동정녀 앞에 무릎을 꿇은 샤를 8세와 안느 드 브르타뉴 부부상이다. 실내의 익랑 왼쪽에 돌로 영원한 화관 같은 것이 있고, 그 위로 레오나르도를 추모하는 명문銘文이 반짝이고 있다.

이 위대한 인간의 유해가 정말 이 예배당에 누워 있을까? 아무런 증거가 없다. 그 포석은 프랑스 왕의 훌륭한 봉신의 잔해라고 하겠지만, 아이들이 그토록 좋아했던 저 대단한 화가의 유골은 깜찍한 장난꾸러기들의 장난감이 되었던 것은 아닐까?

7장
다 빈치의 유산

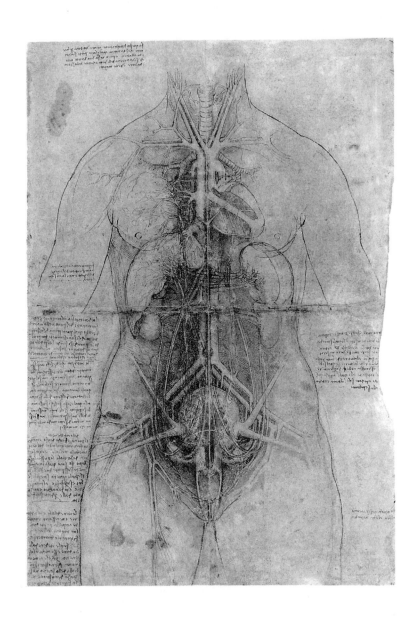

『코덱스 아틀란티쿠스』 중에서

다 빈치의 주거지는 묘보다는 훨씬 너그러운 운명이었다. 수 세기 동안 르 클루 성은 주인이 여럿 바뀌다가, 과거에 그토록 화제가 되었던 모습으로 명성이 자자한 이 장소에 어울리는 가족에게 넘어갔다. 1866년, 생 브리 씨가 르 클루를 매입했다. 현재는 그의 손녀가 성주가 되었다. 그녀는 관광객의 경박한 호기심을 못마땅해하면서도 다 빈치 숭배로 투렌 땅에 들른 사람들을 반갑게 맞는다. 예술과 사상이 고상했던 나리가 살았던 이 저택에서 충심으로 그 기억의 불꽃을 지피고 있다.

레오나르도가 사망하고 나서 프랑수아 1세는 사라진 거인을 잊지 않으려고, 프란체스코 멜치의 이야기를 들으러 장원 근처로 찾아왔다. 이때 거장의 여러 작품이 왕가의 소장품이 되었다. 「조콘다」도 그곳으로 들어갔다. 한 세기 뒤에, R. P. 당이라는 수사는 그것을 퐁텐블로에서 보았다. 이 해박한 수도사는 초상의 주인공은, 사람들이 생각하듯이 모나리자라는 화류계 여자가 아니라 정숙한 부인이이라고 주장했다.

멜치는 아마스 강변의 그 조용한 저택에서 바티스타와 빌라니와 함께 여러 해를 더 살았다. 레오나르도의 이 상속자는 떨리는 어조로 줄리아노 다 빈치에게 그 형의 사망을 알렸다. 공디 가에도 소식을 전하는 배려를 잊지 않았다. 멜치는 스승이 묻힌 성상을 장식하려는 경건한 생각을 했었을 듯하다. 적어도 18세기 말에, 돈 베난치오 데 파가베는 생 플로랑탱 뒤 샤토에서 빌라도 총독 앞에 서 있는 그리스도를 재현한 여섯 자 높이의 판자화를 봤었다.

레오나르도는 재산 일부와 소묘를 피렌체, 산타 마리아 누오바 병원에 위탁했었다. 이 위탁에서, 그는 금화 400에퀴를 자기 형제에게 유증한다고 했다. 하지만 그의 사후에, 300스쿠디밖에 남아 있지 않았다. 병원에 맡긴 소묘는 다 빈치의 가족에게 돌려주었을지 모른다. 나머지 다른 모든 유물은 멜치가 지니고 있었다. 멜치는 1520년 왕실 궁내관 직을 물러나, 1523년부터 밀라노에서 그와 살라이노를 볼 수 있었다.

과거에 무서울 것이 없던 청년이 이제는 유산으로 물려받은 포도밭에서 조용하게 살아갈 수도 있었다. 그러나 그의 부산한 성격 때문에 몹쓸 사건에 말려들고 말았다. 그는 1524년 3월에 육혈포에 맞아 고생하기도 했다.

멜치의 귀향이 조용할 리 없었다. 페라라 공작 알폰소의 밀라노 대사 알베르토 벤디디오는 1523년 3월 6일, 주군에게 이렇게 아뢰었다.

"그[멜치]는 레오나르도 다 빈치의 상속인이자 제자입니다. 그는 숱한 비밀과 의견의 기록을 갖고 있고 또 제가 듣기로는 아주 그림을 잘 그린다고 합니다… 그는 분별이 있고 선량한 청년입니다… 저는 레오나르도의 해부학 책자를 비롯해서 많은 훌륭한 것을 지니고 있습니다."

이런 정보 외에 16세기 바르나바 회원 귀도 마첸타는 이런 기록을 남겼다.

"프란체스코 멜치는 다른 누구보다 더 다 빈치의 수법에 근접했다. 그는 거의 일을 하지 않았다. 부유하기 때문이다. 하지만 그의 그림은 마무리가 훌륭하고 종종 스승의 작품과 혼동된다."

궁내관이자 화가로서 그는 바프리오의 자택 "소피타" 즉 다락방에 스승의 유물을 보관했다. 그리고 그것을 친구들과 레오나르도의 찬미자들에게 기꺼이 공개했다. 이렇게 해서 루이니는 멜치의 자택에서 다 빈치의 소묘를 연구할 수 있었다.

그러나 세월이 가면서 기억은 희미해졌다. 프란체스코 멜치는 1570년에 사망했다. 그의 후손은 이 귀중한 유산에 거의 무심했다. 바프리오에 남았던 보물은 여기저기로 흩어져버렸다.

1587년 아솔라 사람, 렐리오 가바르디라는 바프리오의 멜치 자식의 가정교사가 낡고 오래된 괘에서—마첸타가 전한 사실이다—레오나르도가 남긴 다수의 소묘, 책, 작업도구를 발견했다. 가족의 어른 호라치오 멜치는 이 종이뭉치에 무심했다. 심지어 국내에서도 자취를 감추었다. 루카 벨트라미가 암브로시아나 도서관에서 몇 점을 찾아냈을 뿐이다. 레오나르도가 여관에서 나무다리를 그린 다른 원고는 어떻게 되었을까?

호라치오 멜치는 원고뭉치를 렐리오 가바르디에게 주었다. 가바르디는 그것을 마첸타에게 넘겼는데, 신중한 이 사람은 그것을 또다시 가장 호라치오 멜치에게 돌려주고자 했다. 조심성이 없는 호라치오는 이 소중한 화첩을 바르나브회에 선물했고, 거기에 소묘 한 상자도 얹어주었다. 이 지나치게 순박한 영감은 바프리오에서 다른 애호가들의 관심을 끌었다. 그들은 그에게서 "소묘, 조각, 해부도를 비롯한 레오나르도 공방의 유물을" 가져갔다. 조각가 레오네 레오니의 아들인 폼페오 레오니는 펠리페 2세의 미술품 수집 조달자로서 이 횡재의 기회를 적극적으로 활용했다. 그는 바프리오의 유물을 흥정했다. 그의 배려 덕분에, 레오나르도의 수많은 소묘가 『코덱스 아틀란티쿠스』라는 이름으로 집대성되었다. 이 책은 그 뒤 암브로시아나 도서관에 입고되었다. 레오나르도의 다른 원고는 유럽의 여러 공공 기관으로 흩어졌다.

수상한 가정교사 렐리오 가바르디는 점잔을 뺐다. 그는 바프리오 "다락방"에 남아 있는 관능적인 주제를 그린 것을 모른 척했다. 그것도 17세기 내내. 산 바르톨로메오 성당의 신부는 멜치 가에 그것을 태워버리라고 조언하기도 했다. 이렇게 해서 레오나르도와 제자가 그림 포르세르핀을 납치하는 플루토를 그린 스케치, 사티로스와 요정, 노인의 품에 안긴 처녀의 밑그림들은 화로 속에서 최후를 맞았다.[33]

레오나르도의 작품을 이해하는 데에 그토록 소중한 자료를 없애버린 다 빈치 유산의 부침浮沈은 게다가 수많은 오류와 남용의 씨앗이었다.

레오나르도의 유언에는 작품 목록이 들어 있지 않았다. 따라서 르 클루에 남아 있던 모든 것을 생각해봐야 한다. 완성작, 초벌 그림, 제자들의 습작을 멜치가 물려받았다. 또 멜치는 그 중 유화 몇 점을 프랑수아 1세에게 기증했다. 나머지는 바프리오로 가져갔다. 프란체스코 멜치가 사망했을 때, 레오나르도의 유산과 그 제자의 작품 거의 전부가 그 다

락방에 남아 있었다. 이것들은 사방으로 어지럽게 흩어져, 상인과 애호가의 탐욕스런 먹이가 되었다.

레오나르도는 살아 있을 때부터 지극히 희귀한 거장으로 평가받았다. 이사벨라 데스테 같은 대부인도 그가 그린 그림을 얻으려고 헛된 고생을 하지 않았던가. 세기가 흘러가면서 작품들은 찾아볼 수 없게 되었다. 사기 행각을 진정시키기에는 그의 작품을 찾는 사람이 너무나 많았다.

바프리오의 보물이 흩어짐으로써 이와 같은 기만적인 산업이 크게 번창했다. 서투른 화가들이 다 빈치가 미완으로 남겨놓은 초벌 그림을 마무리했다고 믿어야 한다. 레오나르도의 소묘는 그의 원작으로 간주하게 했던 유화를 제작하는 데에 사용되었다. 모작模作과 제자들이 직접 그린 그림이 교묘하게 그의 작품으로서 인정받았다.

젊은이든 늙은이든, 이탈리아인이든 이방인이든, 잠시 함께 일했던 조수, 삼류 화가, 모방자, 도제 등 레오나르도 주변의 모든 사람은 어쨌든 연구할 만하다. 이 부차적 인물들이 거장을 이해하는 데 있어 유용한 지표가 되는 제자들의 시대와 작품의 분위기를 복원하는 것에 도움을 주기 때문이다.

이 지칠 줄 모르는 일꾼이었던 사람을 이해하는 데 있어 소중한 또다른 자원은 그의 소묘와 글이다. 그는 자신의 글을 직접 출간하려 했었다. 당대인은 방대한 백과사전을 시도하고 있었다. 베아티스가 전하는 대로, 화가는 물의 본질과 기계 등을 비롯해 여러 주제를 "언문"으로, 다시 말해 이탈리아어로 기록했다. 이 여행자는 그의 탐구의 결실을 공개하는 것이 매우 유익하겠다고 덧붙인다. 하지만 안타깝게도 그

저자는 방대한 원고를 미처 정리하지 못했다. 그의 사후에, 멜치는 그의 수첩을 분류하려고 했다.

일찍이 1496년 루카 파치올리 신부는 다 빈치가 "회화와 인체운동에 관하여"라는 책을 끝냈다고 전했다. 멜치는 이 문제에 관한 레오나르도의 모든 성찰록을 한데 모았다. 이것을 1651년 파리에서 라파엘 뒤 프레스네 출판사에서 『회화론』이라는 제목으로 펴냈다.

훨씬 뒤에 문집 일부도 출간되었다. 그 열렬한 육필의 기록은 5천 쪽에 달한다. 여기에서 생각을 명쾌하게 밝히려는 수고가 어떠했는지 느낄 수 있다. 이 정신적인 바늘구멍 사진기 같은 작업은 학술적 영역에 제한된 상형문자로서 해독해야 한다. 그렇지만 레오나르도의 천재성은 소묘에서 찬란하게 빛난다. 17, 18세기 동안, 홀라와 카일뤼스 백작*과 밀라노 사람 제를리는 그것을 판화로 대대적으로 보급했다. 우리 시대에는[20세기 초], 로마의 "다 빈치 위원회"가 다 빈치의 소묘 전작집을 500부 출간했다.[34] 그런데, 레오나르도의 소묘를 누구나 접근할 수 있게 하는 편이 좋을 듯하다. 그의 소묘야말로 그의 개성을 가장 순수하게 보여주기 때문이다. 소묘는 살아 있는 걸작으로 변형시키지 못한 그의 열렬한 지식에 비해 그의 예술적 사고를 집약한다. 이와 나란히, 그 재빠르게 그린 그림은 그 수준에 이른 화가는 거의 없고 누구도 그것을 능가하지 못한 힘과 우아함과 아름다움으로 넘친다.

이 독특한 사람은 그 시대의 가장 고상한 예술가이자 심오한 사상가

* 폼페이 유적을 발굴한 고고학자이다.

로 보인다. 그는 언제나 창조적 활동과 명상과 과학에 대한 숙고로 일관했다. 주프루아 토리는 『상플뢰리』*에서 그를 '아르키메데스 같은 사람'이라고 했다. 이 뛰어난 피렌체 사람은 덧없는 것에 초연하고 영원한 것에만 관심을 쏟은 진정으로 위대하고 청정하며 높은 인간적 수준에 이르렀다. 보편성에 대한 취향과 쉬운 것에 대한 경멸과 완성에 대한 욕구는 어쨌든, 끈질긴 노력으로 일관한 그의 일생 동안 불과 몇 점 되지 않는 완성작을 남기는 데 그치게 했다. 그는 분명히 하지 못했던 수많은 다른 비전을 무덤까지 가져갔다.

앎이란 그의 지극한 즐거움이었다. 학자들은 물리학과 수학에서 그의 심오한 관점과 대담성을 찾아냈다. 생물학자들은 그가 식물 연구에 쏟은 배려를, 의사들은 그가 인체를 탐사한 예리한 응용을, 수리학자는 물의 조류에 대한 과학을 건졌다. 그는 확고한 시선으로 무한한 힘의 놀이를 주목했다. 그가 보기에 지구는 어마어마한 태양계에서 별것 아닌 별일 뿐이다. 그러나 미지에 대한 줄기찬 호기심과, 능력과 직업의 다양성은 이 별것 아닌 땅에 대한 그의 따뜻한 배려를 줄이지 않았다. 그는 이 지상의 것에 위대한 예술가의 열렬한 관심으로 다가갔다.

진정한 거장들처럼 그에게는 절대적 개성이 있었다. 그는 사실을 진지하게 존중했지만 자신이 건드린 모든 것을 고상하게 했다. 항상 예민하고 정확하게, 선과 형태를 통해서 그는 영혼의 깊은 내면에 도달하려

• 19세기 사실주의를 창시한 문예비평가. 방대한 『풍자예술사』를 저술했고, 위대한 농촌화가 르 냉 형제와 같은 잊힌 화가를 발굴했다.

고 했다. 그는 조형예술의 가장 높은 정상을 건드렸다. 이 형태의 시인은 번번이 자신의 임무를 멈추고서, 만족할 줄 모르는 사상가로 깨어나곤 했다.

바로 여기에 심오하고 고뇌하던 그의 위대한 삶의 비밀이 있다. 다빈치가 붓과 연필을 쥐게 되면, 그의 상상력은 보이지 않는 것의 영지를 향해 달려간다. 그는 그곳을 거쳐 우리에게 접근하고 당대 최상의 정신을 매혹시키고 깊은 인상을 준다.

우리 시대, 모든 것이 흔들리고 무너지고 변하는 이 시대에, 그 가능성의 한계를 벗어났다. 예술을 혁신했고 모든 인간 오성의 분야에서 그때까지 올라설 수 없었고 건드릴 수도 없었던 경계를 대담하게 무너뜨린 이 이중적 천재에게서 우리가 여전히 시사성을 보는 까닭이다.

작품

순수한 걸작 외에 미완의 작품을 남긴 거장들이 있다. 레오나르도는 그런 경우와 다르다. 그는 완벽을 기하려는 욕심 때문에 종종 작품을 마무리하지 못했다. 그러나 싫증이 나서인지 물욕 때문인지 그는 질이 떨어지는 그림이나 조각을 결코 공방 밖으로 내보내지 않았다.

그는 과작인 편이었다. 그의 그림들은 새로운 실체를 탐구하는 과정에서 훼손되었다. 그 밖의 것은 유실되었다. 그것들을 되찾을 가능성이 아예 없지는 않다. 그러나 세속적 함정이 연구자들을 위협한다. 거기에서 벗어나려면 "작품의 질"이라는 안내자에 기대야만 한다.

베로키오 공방에서 나온 다 빈치의 것으로 간주되는 작품

베로키오, 「그리스도의 세례」 속의 두 천사상, 피렌체, 우피치 미술관. 판자, 1.77×1.51미터.

    피렌체 부근 산 살비 수도원에서 나왔다.

    프란체스코 알베르티니는 1510년에 출간한 『회상록』에서 레오나르도가 사부와 함께 작업했다고 기록했다. 바사리가 이 이야기를 인용하면서 윤색했다.

「수태고지」, 루브르 박물관. 제단화의 일부. 판자, 0.15×0.59미터.

    캉파나 소장품에서 나왔다.

「수태고지」, 피렌체, 우피치 미술관. 판자, 0.90×2.17미터.

    몬테 올리비에토 수도원에서 나왔다.

「동정녀와 아기」, 귀스타프 드레이퓌스 · 뒤벤 경 공동 소장. 판자, 0.17×13.5미터.

레오나르도 다 빈치의 작품

「동방박사의 경배」, 피렌체, 우피치 미술관. 갈색 바탕칠, 미완. 판자, 2.46×2.43미터.

1480년 스코페토, 산 도나토 수도사들이 주문했음.

바사리 시대에 이 그림은 아메리고 벤치의 것으로 간주되었다. 그 뒤 돈 안토니오 데 메디치의 소장품이었다가, 1704년 총독 소장품이 되었다.

「성 히에로니무스의 속죄」, 로마, 바티칸 피나코테카. 판자, 1.03×0.75미터.

미완. 배경은 푸르스름하지만, 누르스름한 옥빛이 남아 있는 단색조 그림이다. 이 판자는 둘로 쪼개졌다. 한쪽은 함의 덮개 부분에, 다른 한쪽은 서투른 장색의 끌에 훼손되었다. 페슈 추기경이 그것을 되찾아 재결합했다. 1845년 교황 비오 9세가 사들여 바티칸 회화관 소장품이 되었다.

「암굴의 성모」, 루브르 미술관. 판자에서 화폭으로 옮겼다. 1.90×1.25미터. 런던 내셔널 갤러리에 다른 이본이 있다. 판자화, 1.89×1.19미터.

콘체치오네 수도회 조합에서 1483년 밀라노, 산 프란체스코 성당을 위해 주문했다. 프레디 형제와 레오나르도에게 공동으로 주문했다. 그렇지만 1506년에 끝낸 이 작품은 산 프렌체스코 수도원과 화가들의 오랜 송사거리였다. 롬바르디아를 통치하던 프랑스 국왕이 원작을 입수했고, 레오나르도는 수도사들에게 모작을 주었을 것으로 생각해야 한다. 1625년, 단

신부는 「암굴의 성모」를 퐁텐블로에서 목격했다.

또 다른 이본은 밀라노에서 나왔다. 로마초는 1584년 그것을 산 프란체스코 성당에서 보았다. 수도회가 민영화(세속화)된 뒤에 이 그림은 화가 해밀턴이 구입했다가 1880년에 내셔널 갤러리로 들어갔다.

「최후의 만찬」, 밀라노, 산타 마리아 델레 그라치에 수도원 식당. 템페라와 유채를 혼합한 벽화, 4.20×9.10미터.

1495년부터 1497년까지 제작. 1517년에 이미 안토니오 데 베아티스는 그 악화된 상태를 보았다. 수차례 복원을 거쳤다. 1908년 카베나지 교수는 서투른 가필 자국을 제거했다. 하지만 벽이 습하기 때문에, 다시금 복원하지 않으면 안 되었다. 그 복원 작업은 1924년 오레스테 실베스트리가 훌륭하게 해냈다. 그리스도와 필리프를 제외한 나머지 인물의 얼굴은 손상되지 않았다. 〔1986년에 착수된 복원이 가장 최근의 복원이다.〕

「살라 델레 아세」, 1498년 밀라노 스포르차 성 장식화.

1901년 대대적으로 개작되었다. V. 벨트라미, 「레오나르도 에 라 살라 델레 아세」, 밀라노, 1902.

「조콘다」, 루브르 박물관. 판자화, 0.77×0.53미터.

피에트로 프란체스코 델 조콘도의 부인, 리자 제라르디니 초상. 1503년에서 1506년 사이 피렌체에서 그렸다. 리자는 1479년생으로 당시 24~27살이었다. 아돌포 벤투리는 이 사랑스런 여인의 정체를 엄격하게 검토했다 『이탈리아 미술사』, 9권, 1장 42절. 파르마의 에네아 이르피노라는 연구자는—뛰어난 미술사가 벤투리가 알려준 바에 따르면—여러 편의 소네트와 마드리갈을 지어 이 초상을 기념했다. 레오나르도가 이 초상을 델라 체라 백작의 미망인 페데리코 델 발초, 프랑카빌라의 공작부인 콘스탄체 다발로스를 그린 것이라고. 그녀는 프레데릭 다라곤으로부터 아발로스 공작령을 받았는데, 그녀가 이스키아 섬을 방어할 때와 나폴리 탈환에서 보여준 용기에 대한 보상이었다.

모호한 문체로 노래한 이 시인의 글에서 미궁에 빠진 다 빈치의 추억을 찾아내기에 이른 벤투리의 전설적인 학식은 알아줄 만하다. 그런데 루브르의 부인은 호전적인 공작부인과 거의 닮은 데가 없다!

다 빈치는 이 작품을 로마로, 르 클루로 가지고 다녔다. 그의 사후에 프란체스코 멜치가 프랑수아 1세에게 양도했다. 이런 양도가 어떻게 이루어졌는지를 증명하는 기록은 없다. 멜치가 레오나르도의 공인받은 상속인이며, 이 그림이 더는 프랑스를 떠나지 않게 되었다는 사실만 알 수 있다—1911년과 1913년 사이의 어처구니없는 도난 사건만 제외한다면.

라파엘로 산티는 이 초상을 연필로 모사했다. 이 소묘는 루브르에 있다.

「동정녀, 아기 예수, 성 안나」, 루브르. 판자, 1.70×1.29미터

1501년 4월 3일자로 피에트로 누보랄리아가 이사벨라 데스테에게 보낸 편지가 연구의 전제가 된다. 이 소묘는—폼페오 레오니가 내놓았다—현재 런던 왕립한림원에 있다. 레오나르도는 이 그림을 평생 매만졌으나 완전히 끝내지는 못했다. 동정녀의 왼발 같은 부분은 여전히 이 그림의 윤곽을 보여준다.

안토니오 데 베아티스는 이 그림을 르 클루에서 보았다. 그 뒤 멜치가 이

탈리아로 보냈다고 믿을 수밖에 없다. 재상 리슐리외가 이것을 1629년에 이탈리아에서 구입했다. 성 안나는 퐁텐블로 성, 안느 도트리슈의 아파트에서 모습을 보였다.

트리불치오 원수의 묘비를 위한 청동기마상, 부다페스트 미술관.

1506년 이후의 작품이다. 레오나르도 혼자서 또는 그의 지휘 아래 청동으로 빚은 모형이다. 1818년과 1824년 사이에 로마에서 조각가 페렌치가 구입했다.

1916년에 간행된 프러시아 소장품 연보에 수록한 멜러의 「레오나르도의 청동상」이라는 글이 있다. 맥거디는 벌링턴 매거진 1930년 3월호에 「벌링턴 하우스 소장의 레오나르도의 청동소상」을 발표했다. 필자[헤베시]는 1931년판 『가제트 데 보자르(미술수첩)』에 「레오나르도 다 빈치의 주변」을 발표했다.

「세례 요한」, 루브르. 판자, 0.69×0.57미터.

최초의 발상은 1509년에 나왔다. 1517년, 안토니오 데 베아티스는 이 완성작을 르 클루에서 보았다. 이는 멜치가 프랑수아 1세에게 양도했던 것 가운데 들어 있었을 듯하다. 루이 13세는 이 작품을 영국 왕 찰스 1세에게 주고 홀바인의 「에라스무스 초상」(현재 루브르 소장)과 티치아노의 「성가족」을 받았다. 찰스 1세의 유산 경매에서 자바크가 구입한 뒤, 마자랭 추기경 손에 들어갔다가 추기경의 상속인에게서 국왕이 다시 사들였다. 결국 1661년에 루브르로 들어갔다.

「앙기아리 전투」

1503년 피렌체 시뇨리아(집정부)가 대회의실을 위해 주문했다. 1504년 5월, 다 빈치는 이 소묘로 금화 35두카토를 받았다. 그러나 그림은 여전히 미완이었다. 같은 해 8월에 그는 채색화를 시작했다. 시당국의 회계장부 기록에 따르면, 1505년 벽의 초벌 작업을 위해 비계를 세우는 데에 일련의 자금이 지불되었고, 조수들의 봉급으로도 지불되었다. 1506년 5월에 화가는 밀라노로 휴가를 떠났다. 1507년 그는 피렌체로 돌아와 작업을 다시 시작했다.

1513년 4월에 원로회의는 레오나르도가 그린 벽화를 보존하고자 차단벽 설치를 명했다. 그 뒤로는 이 위대한 미완성작에 관한 이야기가 더는 나오지 않았다. 그 세기 중엽에 로마초는 심하게 훼손된 벽화를 보았다.

「앙기아리 전투」는 일련의 모사화를 통해서 알 수 있다. 유화 한 점이 우피치 미술관에 있고, 다른 하나는 피렌체의 카사 오르네에 있다. 세 번째 모작은 튈르리 궁(파리) 화재 때 소실되었다. 이 불타버린 작품을 보고서 루벤스는 현재 루브르에 남아 있는 소묘를 그렸다. M. 슈터는 모든 모사화를 망라해서 1929년 벌링턴 매거진 181호에 수록했다.

유실된 작품

「지상낙원의 아담과 하와(이브)」

익명의 연대기 작가가 지은 『코디체 말리아베키아노』에 따르면 이 그림은 수채화이다. 바사리는 포르투갈 왕이 쓸 양탄자를 제작할 플랑드르 공방을 위해 그린 소묘라고 주장한다. 상반된 증언을 종합해보면, 레오나르도의 수채화가 확실하고, 양탄자 밑그림으로 확대되었음이 분명하다.

「바쿠스」

시인 플라비오 지랄디는 2행시를 이 작품에 바치면서 이렇게 레오나르도가 「바쿠스」를 만들었다고 증언한다. 1505년 이 작품은 루앙 추기경에게 작품 구입을 약속했던 안토니오 팔라비치노가 갖고 있었다. 이것은 18세기에 포도나무 가지 화관을 씌워 우스꽝스러운 모습이 된 루브르 소장품인 커다란 바쿠스는 아니다. 1695년의 총 목록에서, 이 작품은 여전히 바쿠스 특유의 지팡이 대신 십자가를 쥐고 있는 「사막의 세례 요한」이라는 제목으로 나타난다. 이 작품은 체사레 다 세스토의 조수가 그린 것일 듯하다. 바티칸 회화관에 있는 「그리스도의 세례」를 그린 화가였을 것이다.

「카리타스(박애의 우상)」

카셀 미술관의 1783년 목록에는 다 빈치의 것으로 인정한 작품 한 점이 나타난다.

"나체 여인으로 재현된 어머니가 아기를 품에 안고 있다. 다른 두 사람은 발로 꽃을 건드린다. 배경에 물과 바위, 건물이 보인다. 판자화. 4피트 높이에, 3피트 4푸스의 폭이다."

괴테는 이 그림 앞에서 몇 시간이나 감상했다고 한다.

1806년에 라그랑주 장군은 총독 소장품을 일부 횡령해서 라 말메종 성을 장식하게 된다. 조세핀의 상속인들이 이 그림들을 러시아 황제에게 팔았다. 다 빈치의 「박애」는 그 목록에 포함되지 않았다.

16세기 초반의 플랑드르 회화에서 이와 같은 주제가 풍부하게 표현되었다. 이는 레오나르도의 유실된 소묘나 채색화의 영향일지 모른다. 이런 플랑드르 사람들의 작품 중 하나는 베를린 카이저 프리드리히 미술관에 있고 다른 하나는 베르사유의 개인소장이다. 프리드리히 막스, 『레오나르도 다 빈치의 「박애」에 관하여』, 1916.

「아기 예수」

로마에서 교황의 서무 발다사레 투리니를 위해 그린 그림이다(바사리).

「아기 예수 두상」

테라코타(구운 점토), 로마초 소장품. P. 로마초, 『회화론』, 로마, 1844.

「플로라」

"플로라〔꽃의 여신 또는 화류계 여자의 수호신〕 한 점이 과거에 마리아 드 메디치 대비의 작은 방에 있었다"고 아브람 보스는 자신의 다음 책에 적어 놓았다(『다양한 회화 기법의 특성에 대한 감정』, 파리, 1649. 41쪽).

레오나르도가 「플로라」를 그렸거나 아니면 나신의 조콘다에 영감을 받은 제자가 그린 것일까?

프리드리히 황제 미술관을 위해 보데가 수입한 흉상「플로라」는 격렬한 논쟁거리였다. 신중치 못한 복원 작가가 완전히 왜곡해버린 고대의 밀랍 상이거나 또는 현재 모습 그대로의 위작일지 모르지만, 베를린의 플로라 는 이렇다 할 매력은 없다. 벌링턴 매거진(1910)을 보자(S. 레이나크, "레 오나르도 혹은 루카스", 르뷔 아케올로지크, 1909).

진품이라는 주장으로는 프러시아 소장품 연보에 수록된 보데의 글, "베를 린 프리드리히 황제 미술관 소장 밀랍 흉상「플로라」", 1909.

힐데브란트,『레오나르도 다 빈치』, 베를린, 1927.

레오나르도의 영향이 풍부해 보이는 루이니가 그린「플로라」한 점이 햄 턴 코드에 있다.

「유디트」

페라라 궁의 부속 예배당에 1588년 바스티아노 필리피가 보수한 레오나 르도가 그린 유디트가 있었다. 아돌프 벤투리,『에르콜레 데스테 시대의 페라라 미술』, 볼로냐, 1890, 116쪽.

「레다」

레오나르도의 소묘와 제자들의 모사화로 미루어볼 때, 그는 레다를 두 점 계획했었다. 무릎을 꿇은 것과 서 있는 모습으로. 라파엘로가 그 서 있는 모습을 모사했다. 이 그림은 윈저에 있다.

1584년에 출간한『회화론』에서 로마초는 퐁텐블로에서 본 레오나르도의 레다를 이야기하고 있다. 카시아노 델 포초도 1625년 그곳에서 판자가 세 쪽으로 갈라진, 매우 심하게 훼손된 레오나르도의「레다」를 보았다. 17세기 말의 퐁텐블로 재산 목록에는 레오나르도 다 빈치가 그린 「레다」 한 점이 들어 있다. 유실된 타블로이거나 아니면 레오나르도의 데생을 보고 나중에 그렸을 복사화도 있다.

즉 레다의 입상은 로마 보르게세 미술관에 있는데—스피리디온 컬렉션이다(과거에 루블레 남작 소장)—1930년에 암스테르담에서 판매되었다. 이 밖에 필라델피아의 존슨 컬렉션, 하노버의 오플러 컬렉션, 런던의 리치튼 씨 컬렉션(소장품) 등이 있다.

「무릎을 꿇은 레다」는 노비드 성의 비드 공 소장품이 있다. A. 드 헤베시, 「레다」, 『아무르 드 라르』 1931년 12월호를 참조하기 바란다.

「포모네」

"레오나르도의 미소 짓는 포모네가 있다. 면사포를 세 겹으로 쓴, 찾아보기 힘든 것으로, 그가 프랑스 국왕 프랑수아 발루아를 위해 그렸다."(로마초, 『템피오』, 132쪽)

프란체스코 멜치가 그린 「베르툼네와 포모네」는 베를린 프리드리히 황제 박물관에 있다.

「메두사」

"경이롭고 희귀한 뱀들에 감긴 메두사의 머리. 지금은 코스모 데 메디치의 응접실에 있다."(익명의 연대기 작가)

일찍이 우피치 궁에 걸려 있던 메두사는 플랑드르 사람의 작품이다.

코라도 리치, 『레오나르도의 메두사』, 일 마르초코 출판사, 1905년.

「전차를 끄는 넵투누스」

"안토니오 세니를 위해 로마에서 제작한 중요한 작품이다." (바사리)

유실된 초상

「콘스탄스 다발로스, 프란카빌라 공작부인」.

이 초상을 두고서 파르마의 시인 에네아 이르피노가 노래한 작품이 있다.
베네데토 크로체, 『콘스탄차 다발로스의 연가』, 아티 델라 아카데미아 폰
타니아나, 나폴리, 1903.

「루크레치아 크리벨리」

『코덱스 아틀란티쿠스』, 167쪽에 이 초상에 고쳐된 라틴어 경구 세 구절
이 들어 있다.

「이사벨라 데스테」

이 귀부인은 1504년 화가에게 이렇게 썼다.

"우리 도시로 오신다면, 우리의 초상을 연필화로 그리고 나중에 채색화를
해주셔도 좋습니다."

이 소묘는 루브르에 있다. 테두리에 핀을 꽂았던 자국이 남아 있어, 복사
한 것임을 알 수 있다.

「체칠리아 갈레라니」

이 작품이 실제로 있었다는 두 가지 증언이 있다. 우선 벨린초니의 '거장
레오나르도의 체칠리아'라는 소네트가 있다. 또 1498년에 이사벨라 데스
테가 일 모로의 정부情婦에게 조반니 벨린의 그림과 비교해보도록 그 작
품을 빌려달라고 부탁했던 서신이 전해진다.

「나체의 조콘다」

당대인들이 리자 제라르디니의 요정처럼 아름다운 육체를 보여주는 소묘와 채색화들이 알려져 있다. 그 중 몇몇은 레오나르도의 뛰어난 제자들이 그렸다.

회화는 다음과 같은 것이 있다. 스펜서 경 소장품(알소프), 케네스 무어 매켄지 소장품(런던), 카우프 소장품(팔란차), 에르미타주 박물관 소장품, 과거 샤브리에르 아를 소장품(피오 소장품과 함께 루이니의 이름으로 매각되었다. 파리), 프리몰리 궁 소장품(로마), 샹티이 콩데 미술관에 전시 중인 연필화. 바로 이것이 이 책 표지에 실린 그림이다.

루이 필리프 왕의 소장품 가운데 거의 누운 여인상이 있다. 삼목판에 그렸는데 조콘다의 모습이 엿보인다.

샤를 클레망, 『레오나르도 다 빈치, 미켈란젤로, 라파엘로』를 참고하자.

꽃을 들고 있는 거의 벌거벗은 반신상이 과거 브뤼셀, 오랑헤 왕자 소장품에 있었다. 이에 대해서는 다음을 참조하자.

파사방, 『영국과 벨기에 문화 기행』, 프랑크푸르트 암 마인, 1833년, 393쪽.

이 모든 작품이 레오나르도의 유실된 원작을 생각하게 한다.

「프로세르핀의 납치」

카시아노 델 포초의 증언에 따르자면, 이 그림은 1625년 당시 퐁텐블로 성에 걸려 있었다. 다음을 참조하자. S. 레이나크, 『다 빈치에 관한 새로운 사실과 공상』, 1912.

화가의 화첩에 남아 있는 소묘는 바프리오에 있는 멜치의 별장으로 옮겨졌다가 한 식구의 부주의로 17세기에 불에 타버렸다.

기마상, 프란체스코 스포르차 기념상

1482년, 루도비코 일 모로에게 부친 편지에서, 레오나르도는 공작의 선친, 프란체스코 스포르타의 초상을 제안했다. 레오나르도는 1489년에 주문을 따냈다. 1490년 4월에, 그는 수첩에 이렇게 적었다. "기마를 다시 시작했다." 1498년, 이 "카발로", 즉 기마상의 점토 모형이 성의 광장에 공개되었다. 3년 뒤, 사신 에르콜로 데스테가 자기 주군을 위해 이것을 손에 넣으려는 시도를 꾀했지만 허사였다.

트리불치오 원수 기념비

1506년, 레오나르도는 이 기념비의 견적서를 작성했다. 우선 점토로, 그리고 밀랍으로 모형을 제작하는 데 432두카토를 예상했다. 『코덱스 아틀란티쿠스』, 179쪽을 보자.

청동으로 뜬 습작 모형이 부다페스트 미술관에 있다.

부조 마상馬像

조각가 레오나르도 아레티노의 소장품에 들어 있던 것으로 기마상을 위한 습작이 분명하다. 로마초, 『회화론』, 301쪽을 보자. 화가 로마초가 내놓은 이 정보는 자기 자신도 성 게오르기우스 기마상을 위한 레오나르도의 밑그림을 갖고 있었다고 전한다. 레오나르도의 성 게오르기우스 상에 대해 알려진 바는 없다. 어쨌든 세스토는 밀라노 성당을 위해서 이 주제를 제작했었다. 하지만 로마초는 그 작품이 잘 알려져 있다는 듯이 이야기한다.

「예수 탄생도」

루도비코 일 모로가 주문해서 황제께 바친 제단화(바사리).

「망자의 두상」

피렌체의 산 니콜로 문밖의 베키에토 별장에서 레오나르도가 그린 망자의 두상을 보았다고 한다. 이는 라파엘로 보르기니가 1584년 피렌체에서 펴낸 『고요』에서 전한 소식이다.

『라콜타 빈치아나』, 1923~25, 21쪽을 보자.

「동정녀」

우피치의 한 소묘에, 레오나르도는 "1478년, 동정녀 마리아 두 점을 착수했다"라고 적어놓았다. 1501년 카르멜회 수사 피에트로 노벨라라는 만토바 후작부인 이사벨라 데스테에게, 레오나르도가 프랑스 징세관 플로리몽 로베르테를 위해 방금 앉아서 실을 잣는 모습으로 동정녀를 그린 작은 판자화를 끝냈다고 전했다. 피에트로 수사는 이렇게 썼다.

"아기 예수는 한쪽 발을 실 바구니 위에 얹고서, 북(실타래)을 쥐고서, 십자가 모양이 된 실을 조심스럽게 들여다보고 있습니다. 그런데 이는 마치 아기가 그것을 원하기라도 한다는 듯이, 꼭 쥔 채 웃고 있습니다. 그것을 빼앗으려는 듯한 어머니에게 빼앗기지 않으려 하면서 말입니다."

몇 해 뒤, 연대를 밝히지 않은 편지에서 레오나르도는 부활절에 밀라노로 돌아가겠다고 샤를 당부아즈에게 알린다. 그러면서 이렇게 덧붙인다.

"독실한 기독교도이신 국왕[프랑수아 1세]을 또는 수사님께 선해 보일 분을 위해 그린 성모상 두 점을 가져가려 합니다."

에밀 묄러는 「실 감는 동정녀」를 부클뤼크 공작이 소장한 판자화라고 믿었다(벌링턴 매거진, 1926년). 그런데 묄러 수도원장이 발표한 작품은 카르멜회 수도사의 설명과 일치하지 않는다. 즉 방추 바구니도 없고, 실타래도 보이지 않는다. 따라서 이것은 「실 감는 동정녀」가 아니라 당부아즈에게 약속했던 동정녀 상 가운데 한 복제품으로 생각해야 할 듯하다.

한편, 제자들이 그린 당대의 복제화 4점이 알려져 있다.(이 중 두 점은 1899년 벌링턴 미술회에서 펴낸 『밀라노 거장 회화 도록』에 59, 60번 삽도로 수록되었다.) 이 중 부클뤼크 공의 소장품이 가장 훌륭하다. 루브르 소장의 동정녀의 옷자락에는 백합 한 송이가 새겨져 있지만 이보다 수준이 떨어진다. 따라서 레오나르도의 유실된 원작은 분명 프랑스 왕에게 전달되었다고 보아야 한다.

「아기를 달래는 동정녀」

1543년에 베네치아의 미켈레 콘타리니 댁에 있었다.

모렐리아노라는 사람의 『소묘론』을 참고하자.

레오나르도 다 빈치의 "진품" 동정녀

뷔레 쉬르 타른(오트 가론). 샹드니에 후작의 1904년에 했던 증언이다. "연구자와 애호가의 중개자"로서.

"저는 부르달루 신부님께 레오나르도 원작인 동정녀 상을 갖게 해달라고 간청합니다." 1696년 파리에서 사망한 프랑수아 드 로슈슈아르의 증언이다. 조제프 가르니에, 『지방 고문서보관소』, 디종, 1892.

「아기에게 기하를 가르치는 동정녀」

암브로시아나 도서관에는 레오나르도의 그림으로까지 거슬러 올라갈 수
있는 16세기 초의 소묘 한 점이 보관되어 있다. 동정녀는 앉아서 아기에게
기하를 가르치고 있다. 다 빈치는 이렇게 주장한 적이 있었다. "메커니즘
은 과학의 천국이다." 땅바닥에 무릎을 꿇은 어린 모델은 기하 공부에 그
다지 열중하는 모습으로 보이지는 않는다. 성모는 손에 작대기를 든, 온화
하고 세심한 자세로 아기에게 종이에 그려진 도형을 가리켜 보인다.

「동정녀」

알레산드로 데스테 추기경의 재산 목록. 아돌프 벤투리, 『페라라 미술』을
참조, 116쪽.

레오나르도 다 빈치의 「성모」

1625년 퐁텐블로 목록. 세이무어 드 리치, 『고고학 리뷰』, 1899년 참조.

「열한 명의 성자들에 둘러싸인 동정녀」

브레시아의 산 프란체스코를 위해 그렸다.

프랑스 학사원의 필사본 원고 한쪽에(V. IV. fol. 107) 1497년에 이 작품
에 대한 계획이 들어 있다. 묄러는 이 작품이 브레시아의 프란체스코회에
서 주문했지만 레오나르도가 그 주문을 거절했다고 믿고 있다. 1502년에
수도사들은 지롤라모에게 제단화를 맡겼다. 로마니노—리히터, 앞에서
인용한 책, I권, 354쪽—E. 묄러, 레오나르도 다 빈치의 브레시아 성 프란
체스코회를 위한 성모상의 초안, 1497. 미술사학회보, XXXV.

불확실한작품

「지네브라 벤치」, 빈, 리히텐슈타인 왕자 미술관. 판자화, 가로 세로가 50센티미터의 거의 정방형.

1780년 당시 빈의 리히텐슈타인 왕자가 소장하고 있는 회화에서, 이 작품은 크라나흐의 것으로 분류되었다. 익명의 연대기 작가에 따르면, 레오나르도는 1474년 루이지 니콜리니라는 사람과 결혼한 지네브라 다메리고 벤치라는 피렌체 처녀를 모델로 초상을 그렸다.

빈의 리히텐슈타인 소장품에서 이 판자화를 확인할 수 있다고 생각된다. 사실 그림의 배경은 어두운 노간주나무 한 그루로 채워졌다. 이면에서, 종려잎과 월계수 가지에 둘러싸인 노간주나무 가지에 다음과 같은 글이 새겨진 띠에 감겨 있다. "미는 덕을 고상하게 한다."

아름다운 지네브라는 심란한 표정으로 세상을 바라본다. 그녀는 광대뼈가 튀어나오고, 편도 같은 눈에, 입술은 얇고, 까다로우면서도 의욕적인 사람의 이상한 매력을 지니고 있다. 은빛을 반사하는 밤색 머릿결은 가운데에 가르마를 탔다. 흰 줄무늬가 들어간 작은 회색 모자로 쪽진 머리를 했다. 그녀는 앞으로 여민 코르사주를 걸치고 있다. 파란 하늘과 나무가 짙게 우거진 배경 앞에서 얼굴은 약간 홍조를 띤 채, 가슴을 찌르는 진지한 표정이 놀랍도록 돋보인다.

몇 해 전, 지네브라는 또 다른 화가 앞에서 포즈를 취한 적이 있었다. 이 초상은 한동안 피렌체의 풀치 후작이 갖고 있다가, 뒤벤 갤러리를 거쳐서 현재는 뉴욕의 리처드 드 울프 브릭세 부부의 미술관에 있는데, 지네브라가 1474년, 루이지 니콜리니와 약혼할 당시의 모습을 보여준다(레오나르도 다 빈치, 조반니 포지오가 주해한 바사리의 『예술가 열전』, 피렌체, 1919). 리히텐슈타인 소장품의 노간주나무 숲이 여기에서도 나약한 덤불 형태로 등장한다. 젊은 여인은 로렌초 디 크레디의 동정녀 상이 발산하는 약간 태를 부린 순박함으로 가락지를 들여다보고 있다.

니콜리니의 약혼녀는 소녀 같다. 그러나 리히텐슈타인의 지네브라는 완전히 활짝 핀 여인처럼 보인다. 그 두 초상은 적어도 6년 간격을 두고 그려졌다. 지네브라는 1480년부터 유부녀였다. 얇은 입술과 꼰 장식을 두른 높은 이마는 피렌체 바르젤로 미술관에 있는 베로키오의 「꽃과 여인」을 연상시킨다.

아름다운 지네브라는 1480년경에, 베로키오가 콜레오네 동상의 초벌 작업을 하던 무렵에 초상을 그렸을까? 자기 이력의 정상에 이르러, 이 노대가는 조각과 회화에서 두 점의 걸작을 거의 동시에 제작할 수 있었을까? 아니면 레오나르도가 이 대단히 아름다운 초상을 그렸을까. 색채가 무르익어 녹아들지는 않고 선명하게 구별되는 색조로〔음영의 경계를 흐릿하게 그리는 레오나르도 특유의 스푸마토 기법과 다르다는 점을 강조하고 있다〕…. 이 경우, 다 빈치는 「암굴의 성모」보다 3년 전에 「지네브라」를 그렸어야 한다. 베로키오의 것에 더 가깝다는 가설로 되돌아가자면 이 두 작품을 비교해보면 된다.

1499년 7월 25일자, 안느 드 브르타뉴의 재산 목록에 이런 기록이 있다. "판자에 그린 또 다른 채색화가 있다. 여인의 초상이다. 그리고 이 그림 위에 지네브라라고 적혀 있고, 그 테두리는 황금빛으로 채색되었다." (르 루드 랭시, 『안느 드 브르타뉴의 일생』, 파리, 1860, IV, 156쪽을 보시오.) 리히텐슈타인 왕자의 소장품이 안느 드 브르타뉴에게서 건너온 것일까?

아니면, 레오나르도의 그 작품이 과거에 그 왕비의 것이었을까? 수수께끼
는 여전하다.

「흰 담비와 부인」, 크라코프, 차르토리스키 왕실 박물관. 판자, 0.54×
0.41미터.

체칠리아 갈레라니의 초상으로 추정한다.

백 년 전에 이 작품의 보수를 맡았던 소박한 화가는 군주의 애첩들에 대해
아주 막연한 생각에서 그 쇠붙이 명찰을 정확하게 기재하지 않고서, 왼쪽
위편에 「머리 장식을 두른 미녀, 레오나르도 다 빈치」라고 적어놓았다.

이 수수께끼 같은 인물은 반짝이는 블라우스를 입었다. 검은 실로 꿰맨 노
란 장식수가 놓인, 또 소매가 터진 망토를 걸쳤다. 밤색 머리는 턱 아래로
목을 감싸는 끈처럼 늘어뜨렸다. 가장자리를 노랗게 마무리한 면사포로
이마를 덮었다. 눈은 갈색이고, 분홍빛 살결에, 바탕은 검다. 성주城主의
부인처럼 고운 손으로 그녀는 은빛 털을 어루만지고 있다.

흰 담비는 사치의 상징이었다. 체칠리아는 1480년에 일 모로를 정복했다.
그로부터 15년 뒤에, 비만이 된 그녀는 루크레치아 크리벨리에게 자리를
빼앗기고서 베르가미노 백작과 결혼했으며, 1536년 만토바에서 사망했
다. 궁정 시인 벨린초니는 거장 레오나르도가 그린 「마돈나 체칠리아」라
는 초상을 소네트로 노래했다. 이사벨라 데스테는 1498년에, 체칠리아에
게 조반니 벨리니의 초상화들과 비교해보고자 그 초상을 자신에게 빌려달
라고 했다. 이 애첩은 자신이 젊었을 때 그린 것이기에 당시에는 거의 닮
지 않았노라고 하면서 자신의 초상을 서둘러 보내주었다. 따라서 체칠리
아는 레오나르도가 밀라노에 처음 체류하던 시절에 그를 위해 포즈를 취

했을 것이다. 레오나르도는 「암굴의 성모」를 그리던 무렵에 이 애첩을 그릴 수는 없었을 것이다. 이 초상과 크라코프의 초상(흰 담비)은 솜씨가 판이하다. 어쨌든, 체칠리아만이 부의 상징인 흰 담비를 가느다란 손길로 애무하던 밀라노의 여인이었던 것은 아니다. 따라서 차르토르스키 미술관의 미녀가 체칠리아 갈레라니를 재현한 것이 아니라고 믿음직하다. 세속적이고, 우아하고 세련된 그 초상화가가 바로 레오나르도였을까? 이 아름다운 초상화가 그에게 부끄러운 것일 수는 없다. 어쨌든, 그 선명한 윤곽과 약간 건조한 정확성은 다 빈치의 것으로 보기에 의심을 살 만하게 하는 특징이다.

「진주장식 모자를 쓴 부인」, 밀라노, 암브로시아나 도서관. 판자, 0.51×0.34미터.

1618년 보로메오 추기경의 증여장에 이 작품이 레오나르도가 직접 밀라노 공작부인을 그린 초상이라고 적혀 있다. 그녀는 푸른 바탕에 붉은 블라우스를 입고, 검정 망토를 두른 옆모습이다. 검게 강조된 무거운 눈두덩은 이 사랑스런 여인이 검은 눈썹만으로 미모를 가꾸는 기술을 모르지 않았음을 알려준다.

이 여인을 체칠리아 갈레라니, 루크레치아 크리벨리, 그리고 갈레아스와 본느 드 사부아의 딸 안느 스포르차라고 보는 여러 의견이 있다. 수많은 도상 자료 덕분에 확인되는 베아트리체 데스테와 일 모로의 사생아, 비앙카 산세베리노는 논외가 된다(말라구치 발레리, 『일 모로 궁정』을 보시오). 그런데 아주 앳되 보이는 이 처녀는 상당히 인기 있던 인물이었음이 분명하다. 왜냐하면 이 암브로시아나 도서관 초상화의 복제화가 런던의 살팅 소장품에도 있기 때문이다(H. 쿠크, 벌링턴 매거진, 1911년 7월호).
그 매력은 항상 관객을 사로잡는다. 그러나 아주 조심스레 그린 이 세속적
초상화를 좀 더 가까이 들여다보면, 화가는 레오나르도의 재능이나 프레
디스의 힘이나 볼트라피오의 능숙한 솜씨 같은 것을 보여주지 않음을 알
수 있다.

「머리 장식을 두른 미녀」, 루브르. 판자, 0.62×0.44미터.

과거에 우리는 연대기를 뒤지면서 유명 인사의 이름을 찾아 그를 당대의
초상과 맞추어보기를 즐기곤 했다. 프랑수아 1세도 「머리 장식을 두른 미
녀」라는 가명의 부인을 찾았을 것이다. 이런 이름은 일반적으로 레오나르
도 다 빈치의 작품으로 간주하는 루브르의 초상 한 점에 붙여졌다. 이런
꼬리표 외에, 이 매력적인 인물의 초상은 흥분할 만한 곡절을 거쳐 유명해
졌음이 분명하다.

프랑스 출신인 한Hahn 부인은 미국 군인과 결혼했는데, 조부인 생뷔르
후작에게서 물려받은 초상 한 점을 갖고 있었다. 가족의 설명에 따르면,
이것이 레오나르도 다 빈치의 「머리 장식을 두른 미녀」의 진품이다. 한 부
인은 이 작품을 캔사스 시립미술학교에 기증했다.

조셉 두벤 경이 이 그림을 보고서 회의적인 입장을 표했다. 그는 그것을
옛날에 복제한 작품으로 생각했다. 어쨌든 루브르 소장품보다는 상당히
질이 낮다고 평가했다. 한 부인은 조셉 두벤 경이 손해를 입혔다고 서둘러
소송을 제기했다.

뉴욕 재판정은 계쟁물을 루브르의 작품과 비교해보도록 했다. 1923년 9월
15일, 한 무리의 미술평론가들과 변호사들이 대화랑에 집결했다. 전문가

대다수는 한 부인의 작품이 모사화라고 결론을 지었다. 뉴욕 재판정은 그러나 이 의견에 동의하지 않았다. 어쨌든 판사는 심오한 지혜를 입증했다. 즉 그는 판결할 수 없다고 선언했다.

이 송사는 레오나르도 다 빈치가 「머리 장식을 두른 미녀」를 하나 그렸는지 혹은 두 개를 그렸는지를 확인하려고 벌어지지 않았던가? 그런데 사실 그는 아무것도 그리지 않았다.

레오나르도는 항상 유복한 부인들의 청을 거절했고 또 여성의 허영심에 비위를 맞추려 하지 않았다. 그는 어떤 여자가 프랑스 식으로 차려입었는지, "최고급 장식"을 했는지, 아니면 이탈리아 식이나 에스파냐 식 또는 터키 식으로 차려입었는지에 무관심했다. 그는 오직 인물의 개성에만 관심을 두었다. 그는 초상화가들에게 "가능한 한 시대적 유행을 멀리하라"고 조언하지 않았던가.

「머리 장식을 두른 미녀」는 완벽하게 유행을 반영한다. 당시로서 가장 우아한 치장으로 한껏 멋을 냈다. 그런데 만약 레오나르도가 미녀를 자기 화실에 받아들여 초상을 그렸다 하더라도, 그가 이렇게 작위적이고 둔하게 가꾼 머리를 그리려고 하지는 않았을 것이다. 아름답게 출렁이는 머릿결만을 예찬하던 그가 아니던가. 그는 이렇게 썼다.

"젊은 얼굴 주위에 머릿결이 가볍게 출렁이게 하고, 또 그것을 풀로 붙인 듯이 그리지는 말고 마치 투명한 유리처럼 그려야 한다."

여기에 덧붙여 레오나르도는 그림에 쓸데없는 표현과 자질구레한 세부를 덧붙이지 말라고 하지 않았던가?

루브르에 볼트라피오의 진품 한 점이 있다. 「카시오 일가」라는 작품이다. 이 작품과 「머리 장식을 두른 미녀」를 비교해보자. 분명히 앞의 것은 중년의 상류층 여인이고, 뒤의 것은 수수하고 흥분한 민중 여인을 재현하고 있다. 첫 번째 것은 배경이 말끔한 대작의 일부이고, 두 번째 것은 옛날의 광택제를 입힌 소품이다. 그런데, 이 두 인물은 같은 모델을 시차를 두고서 다른 나이에 재현한 듯하다. 전체적 구상, 물감의 농도와 색조는 놀랍게 비슷하다. 결국 이른바 「머리 장식을 두른 미녀」는 볼트라피오 주변의 여인이었고, 그녀가 처녀 시절에 소품을 위해 포즈를 취했으며, 나중에 더 나이가 들어 일가족을 그린 대작에서 동정녀로 분장했다고 할 수 있다.

「마돈나 브누아」, 레닌그라드. 판자, 화폭으로 옮겨 그림, 0.48×0.31 미터

온화한 어머니가 포동포동한 아기 예수를 향해 몸을 기울이고서 미소를 띤 채 꽃 한 송이를 건네주고 있다. 동정녀는 베로키오의 화실에서 포즈를 취하던 여인들에게서 자주 발견되는 방추 고리 같은 것을 쥐고 있다.

이 구성은 놀랍지만 그 밋밋한 솜씨로 미루어 레오나르도의 소묘를 보고 제자가 그린 것일 듯하다. 같은 소묘를 본뜬 다른 모사화들도 많다. 「마돈나 브누아」는 거장의 청년기 작품일 수는 없다. 이 작품에서 「동방박사의 경배」와 같은 자유와 공상은 찾아보기 어렵다.

「마돈나 리타」, 레닌그라드. 판자, 화폭으로 옮겨 그림, 0.42×0.33미터

이 작품은 16세기에 베네치아의 콘타리니 가문 소유였다. 18세기에는 밀라노 리타 백작 소장품에 들어 있었다.

루브르 판화실에서, 푸르스름한 색조를 띤 종이에 레오나르도가 은필로 그린 소묘 한 점이 있다. 화면에 나타나지는 않은 어린 아기를 향해 몸을

기울인 처녀의 두상이다. 바로 이 모델이 「마돈나 리타」를 그린 제자를 위해서도 포즈를 취했다. 그렇지만 소묘의 순수성과 채색화의 표현의 차이는 얼마나 대단한가! 이를테면, 제자는 스승의 시각을 구체화하려고 애썼다. 레닌그라드의 동정녀를 다 빈치의 롬바르디아 시절의 작품으로 간주하는 사람은 그 작품의 튀는 청색조를 「암굴의 성모」의 깊은 청색과 비교할 줄 모른다.

그렇다면 리타의 마돈나를 그린 제자는 누구일까? 볼트라피오일지 아니면 그와 종종 혼동하는 흥미로운 화가, "나르시스를 그린 거장"일지 여전히 불분명하다.

「음악가」, 밀라노, 암브로시아나 도서관. 판자, 0.43×0.31미터.

암브로시아나의 이 초상도 전문가들 사이에서 논란이 분분하다. 도대체 이 인물은 누구인가? 총독 궁, 예배당 성가대를 이끌던 유명한 가푸리오는 아니다. 왜냐하면 레오나르도가 밀라노에 도착했을 당시 그는 마흔 살이었기 때문이다. 그렇다면 더 젊은 음악가일까? 베아트리체 데스테를 줄곧 수행했던 장 코르디에였을까? 하지만 그는 1496년에 브뤼주로 돌아갔다(말라구치 발레리, 『일 모로 궁정』, III. 24쪽을 보시오).

붉은 반코트를 걸치고, 모피로 장식한 검은 옷을 입은 이 매력적인 예술가는 예민한 손에 악보 한 장을 쥐고 있다. 피곤하게 처진 눈두덩이 속에서 눈은 광채를 빛낸다. 매우 두꺼운 물감반죽은 루브르의 「머리 장식을 두른 미녀」의 것과 흡사하지만, 약간 더 신선하다. 이 훌륭한 작품이 볼트라피오의 것일 수 있다. 어쨌든, 그는 이렇게 자유롭고 활기에 넘치는 작품을 남기지는 않았다.

「패랭이꽃의 동정녀」, 뮌헨, 피나코테크. 판자. 0.62×0.47미터

이 아름다운 작품은 알프스 대저택의 안주인이 패랭이꽃을 빼앗으려고 애
쓰는 포동포동한 아기 예수에게 꽃을 건네는 동정녀로 재현한다. 한 쌍의
창문 밖으로 청색조를 띤 바위 사이로 펼쳐지는 숲으로 덮인 언덕이 보인
다. 가슴에 단 브로치 부분과 마찬가지로 풍경과 필치까지도 베로키오 화
실을 상기시킨다. 작품의 수준은 레오나르도의 청년기 솜씨로 보아도 무
방할 정도이다. 그런데 여기에 반하는 이유도 있다. 최소한의 레오나르도
답게 부드러운 계조가 아니라 선명한 색조, 그리고 황금색의 사용이다. 레
오나르도가 금색을 반박한 당대 최초의 화가였다고 알고 있지 않던가. 우
리는 그의 작품 어디에서도 금빛을 볼 수 없다.

「루도비코 일 모로, 헝가리 왕 마티아스 코르빈에 둘러싸인 성모」

밀라노와 부데의 궁정은 우호적 관계를 맺고 있었다. 루도비코는 마티아
스 코르뱅에게 "성모상"을 전달했었다. "비길 데 없는 화가"가 그린 작품
을. 공작은 레오나르도를 선택했을까 아니면 밀라노의 다른 저명 화가를
택했을까? 다른 화가였을 가능성이 크다. 1485년, 루도비코가 대사 트레
빌리오에게 자신의 선물을 예고했을 때, 레오나르도는 아직 공작 주위의
예술가들 가운데 수위를 차지하지 못한 상태였다. 벨트라미, 앞의 책 12쪽
을 보시오.

「그리스도의 부활」, 베를린, 프리드리히 황제박물관. 판자, 2.30×1.83
미터.

그리스도는 바위투성이의 헐벗은 언덕에서 맨발로 무릎을 꿇은 성자 레오

나르도와 성녀 루치아 사이에 서 있다.

그리스도는 라파엘로의 「변모」에서 따온 모습이다. 그 나머지는 레오나르도를 모방하고 있지만, 서툴다. 볼트라피오를 통해서 레오나르도를 알았던 제자의 모작이라는 인상을 받게 된다. 성자와 성녀의 태도는 비슷하다. 그런데 전체적으로 갑갑하면서도 과장된 성격을 보여준다.

조각

베로키오 공방에서 나온 조각들 중에서, 확실하게 레오나르도의 것으로 인정할 수 있는 것은 없다. 평론가마다 각자 이런 저런 작품을 그의 것이라고 주장하지만, 어떤 논지도 결정적인 것은 못 되며, 또 작품의 수준도 의심을 불러일으킨다. 아돌프 벤투리, 『이탈리아 미술사』, 16세기 조각, V. X. 1. 밀라노, 1935년판을 보시오.

다음 책도 참조하자. 보드, 『조각가로서의 레오나르도』, 프러시아 컬렉션 연감, 1904. 맥클라간, 「조각가로서 레오나르도」, 벌링턴 매거진, 1923. Th. A. 쿠크, 『조각가 레오나르도 다 빈치』, 런던, 1923. 아돌프 벤투리, 『레오나르디아나』, 라르테, 1925.

레오나르도 다 빈치의 원고

홀컴 홀

홀컴 홀에 보관되어 있는, 리체스터 경의 장서 가운데 레오나르도 다 빈치의 문서(코덱스). 제롤라모 칼비가 편집해 출판했다. 밀라노, 1909.

런던 대영박물관.

아룬델 문서 263번. 다 빈치 위원회에서 출간했다. 로마, 1923-1927, 2권.

루베르, 『레오나르도 다 빈치: 물리학과 수학』. 파리, 1901.(미완이다).

사우스 켄싱턴 박물관

루베이르, 파리, 1901. 미완.

레오나르도 다 빈치의 필사본과 도형. 다 빈치 위원회 발간.

세리 미노레, 빅토리아 앤 알버트 박물관의 I, II번 포르스터 문서, 로마, 1930.

밀라노

트리불치오 원수의 장서에서 레오나르도 다 빈치의 문서. 루카 벨트라미 편집, 밀라노, 1891.

암브로시아나 도서관 소장, 레오나르도 다 빈치의 『코덱스 아틀란티쿠스』, 로마, 1891.

린체이 아카데미아에서 펴낸 또 다른 이본, 1894, 2권.

로마

『코덱스 바티카누스 우르비나스』, 1270.

레오나르도의 원고를 제자 프란체스코 멜치가 편찬한 것.

G. 만치가 다음의 책으로 처음 출간했다. 『레오나르도 다 빈치의 회화론』,

바티칸 도서관 소장 문서, 로마, 1817.

멜치 원고의 복사본이 나중에 『회화론』의 기초가 되었다. 그 첫 번째 것은

1651년, 라파엘로 프레스네가 펴냈다.

F. L. M. 아르코나티가 개정한 신판, 「수력과 측량」. A. 타바로 편, E. 카

루시. 마리오 체르메나티 편찬으로 로마에서 출간된 다 빈치 연구소 책자.

『다빈치 연구』 I권, 볼로냐, 1923.

파리

레오나르도 다 빈치 필사본(원고). (국립도서관과 학사원 도서관)

Ch. 라베송 몰리앙 편찬. 파리, 1881-1891. 6권.

레오나르도 다 빈치의 원고. 우첼리를 비롯한 기타 소재를 다룬 문서, T.

사바슈니코프 편찬, 파리, 1893.

이 화첩은 학사원 원고의 일부이다. 리브리 수중에 있다가 그가 피렌체에

서 만초니 백작에게 팔았고, 그 뒤 사바슈니코프의 손에 들어갔다. 이 사

람은 마르그리트 드 사부아 왕비에게 선물했는데 왕비는 이것을 토리노

왕립 도서관에 기증했다.

다 빈치의 원고와 도형(디세니-소묘), II 코덱스A(2172), 프랑스 학사원 소장품, 로마, 1938.

윈저

사바슈니코프, 피우마티, 윈저 왕립도서관 원고. 『해부학에 관하여』, A 폴리(문서). 루베이르, 파리, 1898.

B 문서, 토리노, 1901.

E, 루베르, 『말의 해부에 관한 해설과 스케치』, 파리, 1901.

『장기의 형성과 작동원리에 관한 해설과 스케치』, 파리, 1901.

『두상 습작과 스케치, 파리』, 1901.

『두발 습작』, 파리, 1901.

Ove C. 반젠스텐, A. 포난, H. 호프스토크, Quaderno d'anatomis, 크리스티아나, 1911~1916, 6권.

257

주註

별도의 표시를 하지 않은 인용문들은 루카 벨트라미의 소중한 문집, 『레오나르도 다 빈치의 기록과 기억』(밀라노, 1919)에서 발췌하였다.

1 레오나르도는 『코덱스 아틀란티쿠스*Codex Atlanticus*』라고 이름 붙인 노트 207쪽에서 책들을 일부 적어놓았다.
J. P. Richer, 『레오나르도 다 빈치의 문학작품*The literary Works of Leonardo da Vinci*』, London, 1883, II, p. 442
2 위대한 영주 루도비코 스포르차 애도Pianto e Lamento Del Illustrissimo Signor Lodovico Sforza. Lamenti De Secoli XIV et XV, Firenze, 1883.
3 B. Corio, 『밀라노 역사*Storia di Milano*』, 1855–57, Lib.VII.
4 Léonard de Vinci, 『장기의 생성과 기능에 관한 관찰과 소묘*Notes et dessins et la génération et les fonctions intimes*』, E. Rouveyre, Paris, 1901.
5 Sigmund Freud, 『레오나르도 다 빈치의 유년기 기억*Un souvenir d'enfance de Léonard de Vinci*』, Marie Bonaparte 번역과 주해, Paris. 1901.
6 E la giustizia nera pe'l Moro, Richter, 앞의 책, I. 350쪽.
7 Sabba da Castiglione, 『회고록*Ricordi*』. Milano, 1559, C. IX, 115.
8 벨트라미가 펴낸 파올로 조비오의 수사본 노트, 258번 문서.
9 Bosseboeuf, 『클루*Le Clos-Luce*』, Tours, 1913, p. 36.
10 『코덱스 아틀란티쿠스』, 247번 문건 이면. 리니가 이탈리아에 도착한 1499년에서 1503년 또는 1505년경 그의 사망 사이 어느 시점에서 쓰였을 것이다.
11 오펜하이머 컬렉션, 암브로시아나 붉은색 연필화, 윈저 컬렉션의 검정색연필화와 회색 첨필로 그린 것에서. 프랑스 학사원 원고의 한쪽에서, 에드몽 드 로트쉴드 남작 소장품과 옥스퍼드 소장품의 서류에서, 말을 다루는 벌거벗은 남자의 습작은 Gazette des Beaux-Arts, 1867년 530쪽에 E. Gallichon이 복제본을 게재했다.
12 『인도의 역사와 자연』에서 이 저자는 자신이 레오나르도 다 빈치를 만났다고 전한다. V. Raccolta Vinciana, 1907, p. 92.
13 Baldassare Castiglione, 『조신』, Il Cortegiano, ed. V. Cian, Florence 1910, L.II. Cap.XXXIX. 초판은 1508년 베네치아에서 출간되었다.

14 Fr. Albertini e Baccio da Montepulco, 『피렌체, 인클리타 칩타에 있는 여러 기념상과 기념회화Memoriale di molte statue e picture nella inclyta cipta di Florentia』.─ Florentia, 1510.

15 A. M. Hind, "레오나르도 다 빈치의 밑그림에 따라 판화로 찍은 6점의 미간행 군상", 1907. 10.

16 Pio Rajna, Il Marzocco, 1925.

17 Se tu sarai solo, tu serai tutto tuo, e se serai accompagnato da un solo compagno, serai meno tuo.

18 Beltrami, 『아다 강 항해를 위한 레오나르도 다 빈치의 연구Leonard da vinci negli studi per rendere navigabile l'Adda』, Rendiconti del R. Istituto Lombardo di scienze e lettere, 1902.

19 E. Cartier, 『16세기 주화鑄貨 해설Notice sur quelques jetons du XVIe siecle』, Revue Numismatique, 1848, p. 224.

20 『플로랑주 원수의 회고록Mémoires du marechal de Floranges』, R. Goubaux, P. A. Lemoisne 편, Paris, 1913-1924.

21 Ludvig Pastor, 『루이지 다라고나 추기경의 여행Die reise des Kardinals Luigi d'Aragona』, Freiburg, 1906, 143.
돈 안토니오의 원고는 나폴리 국립도서관에 있다.

22 Sir Herbert Cook, 『리치몬드에서, 욕실에서 간식을 즐기는 부인Dame au bain se faisant servir une collation』, 클루에 서명. Gazette des Beaux-Arts, 1904. II, 139.─Salomon Reinach, Gazette des Beaux-Arts, 1920. - P. Jamot, Burlington Magazine, 1932, I.p. 3.

23 M. Reymond et Ch. Maecel-Reymond, 「샹보르 성 건축가 레오나르도 다 빈치 Léonard de Vinci, architecte du chateau de Chambord」, Gazette des Beaux-Arts, 1913.
－프랑스 고고학회보, 1868, X. 43.

24 젊은 시절의 레오나르도를 보여주는 초상은 없다. 셰르부르 미술관의 그림 한 점─16세기에 사라진 원작의 모사화─은 오십대의 그를 보여준다. V. Salomon Reinach, International Studio, 1929.─E. Moeller, 『레오나르도는 어떻게 생겼나Wie sah Leonarde aus』, Belvedere, Viene, 1926.

25 『코덱스 아틀란티쿠스』, fol. 71r., 249r.

26 Si come una giornata bene spesa da lieto dormire, cosi una vita ben usata da lieto morire.

27 앙부아즈의 공증인이 보관하던 원본은 홍수 때 유실되었다. 그러나 18세기에 파가베Pagave라는 사람이 복사해둔 것이 멜치의 자료에 들어 있었다.―보로Boreau가 연구한 이 18세기 본을 몽테글롱Montaiglon이 공개했다. 전국 미술협회 회의, Paris, 1893.

28 이탈리아 원문은 "et altri Instrumenti et Portracti circa l'arte sua et industria de Pictori" "Pourtraicts"라는 말은 당시에 계획, 구상, 초안이라는 뜻이다.

29 H. Herluison, 『프랑스 예술가 주민등록대장Actes d'Etat Civil d'artistes francais』, Orleans, 1873, 453.
그 당시에 새해는 부활절부터 시작되었다. 유증의 날자는 1518년 4월 22일자로 부활절 이전이다. 사망은 부활절 이후, 즉 1519년 5월 2일의 일이다.

30 Pierre de Vaissiere, 『앙부아즈 성Le Chateau d'Amboise, paris』, 1935. p. 174.

31 Arsene Houssaye, 『레오나르도 다 빈치 이야기Histoire de Léonard de Vinci』, Paris, 1869, p. 295.

32 이 필사본 원고의 이야기에 관해서는 다음을 참고하시오.
Julius v. Schlosser, 『미술사를 위한 재료들Materliallen zur Quellen Kunde Der Kunstgeschichte』, Wien, 1916.―D. Luigi Gramatica, Le Memorie de Leonardo da Vinci di Don Ambrogio Mazenta, Milano, 1919.―F. Brioschi, Il Codice Atlantico, Milano, 1904.―Achille Ratti, Il Codice Atlantici, Milano, 1907.

33 Amorettii, 『레오나르도 다 빈치의 삶에 대한 기Memorie storiche a la vita di Leonardo da Vinci, Milano』, 1804, p. 112. 파가베의 자료에 따랐음.

34 다 빈치 위원회에서 펴낸, 『레오나르도 다 빈치의 원고와 데생I Manoscritti et Disegni di Leonardo da Vinci』, 1928, I. 1930, II.

35 제자의 소묘에서 흰 담비를 안은 부인을 연상시키는 습작 두 점이 있다. 미술원, 파리.

역자 후기

이 책은 1939년 파리, 파르맹 디도 출판사에서 펴낸 불어판 『레오나르도 다 빈치와 함께 떠나는 순례*Pelerinage avec Léonard de Vinci*』의 한글판이다. 원저는 1930년 초판을 펴낸 뒤로 중판을 거듭했다. 저자 앙드레 드 헤베시는 헝가리 부다페스트의 유대인 명문가 출신으로 파리로 건너와 정착해 살았다. 그는 역사가로서 활동하던 평화주의자였고, 음악가, 예술가, 모험가의 전기작가로 활발한 저술을 펴내었다. 또 그의 동생은 화학자로서 노벨화학상을 수상하기도 했다.

　전기작가로서 앙드레 드 헤베시는 특히 이차대전 직전의 시대에 크게 주목을 받았다. 렘브란트 등의 전기는 당대 일급 베스트셀러였다. 풍부하고 정확한 역사 지식을 바탕으로 하면서도 그의 글은 서정적이고 문체는 곱다. 그런데 저자의 담백한 문학적 취향은 어느 미술사가의 눈보다 놀랍도록 예리한 높은 수준의 교양 덕분에 한결 그윽해지기만 한다.

　이 책은 레오나르도가 태어난 고향 마을부터 피렌체, 밀라노를 거쳐 프랑스로 건너가 사망하는 투렌 지방까지, 그의 족적을 작가가 직접 현장을 답사하는 기행문 형식으로 구성한 매우 독특한 전기물에 속한다.

레오나르도 다 빈치 같은 천재의 삶을 다룬 전기들은 다른 거장들의 전기와 마찬가지로 종종 그 위대성에 압도되어 찬사와 신화로 윤색되기가 쉽다. 그러나 저자는 그가 살았던 현지를 일일이 찾아다니며 과거와 현재를 대비하면서 거장의 위엄에 짓눌리지 않고서 담담한 필치로 그 실상에 접근하려고 했다. 레오나르도 다 빈치의 신화를 벗기고, 그 설화에서 군더더기를 덜어내어 결국 거장이 살아 있던 현장에서 그 실화를 증언한다.

이렇게 저자는 거장이 걸었던 여정을 추적하면서 그의 삶을 장엄화하려 하기보다 인간으로서 그의 솔직한 심정을 되새겨본다. 따라서 이런 문체는 거장의 위대한 예술에 대한 찬탄으로 수놓이지 않고 그의 삶의 진솔한 뒤척임, 앎과 또 사랑에 굶주린 사생아의 다소 비극적 성장소설처럼 짙은 여운을 남긴다.

최근까지도 레오나르도 다 빈치 전기는 계속 새로 쓰여 출간되고 있다. 다른 예술가들에 비해 상대적으로 훨씬 많은 양의 새로운 해석과 새로운 작품론이 나오고 있다는 것은, 그의 소묘처럼 문제를 푸는 과정에 담긴 넓고 깊으며 유연하기도 한 사고와 감수성 때문일지 모른다. 완성작은 그다지 많지 않고, 수많은 노트와 소묘가 남은 데에서 알 수 있듯이, 레오나르도는 끝없이 공부하고 질문하는 지식인으로서의 자질이 화가로서의 자질보다 더 뛰어난 인물이다. 고딕의 빼어나지만 경직된 형식을 타파하고 원근화법과 "스푸마토"와 종교적 주제를 세속적 실체로 재해석한 그의 능력은, 그가 오직 탐구에 전전긍긍하고 개인적 즐거움을 숭고한 의례적 희열 같은 것보다 더욱 중시했던, 정말이지 인간적인 사람이었기 때문에 가능한 일이었을 것이다. 그의 소묘로 상징되는 탐구욕과 조콘다 부인의 미소보다 그녀의 은밀한 포즈를 끌어낸 레오나르도의 인간적인 매력을 우리는 그의 방랑을 따라가면서 어느 정도 공감할 수 있을 것이다.

별도의 장을 할애한 작품에 대한 해설과 소장처 등은 세월이 흐른 오늘에는 바뀌고 달라진 것이 없지 않지만, 원저가 쓰여지던 당시의 관점을 그대로 존중하는 편을 택해 건드리지 않았다. 원전에는 없는 도판들은 독자의 이해를 위해 다양한 출처에서 취사선택해 실었다.

도식적이고 상투적인 언어로 되풀이되지 않은 이 조용한 비극적인 답사기를 소개할 수 있는 기회를 주신 글항아리 여러분께 깊은 감사를 드린다.

2008년 가을이 다하던 날, 옮긴이

지은이 앙드레 드 헤베시

헝가리 귀족 가문 출신으로 프랑스로 귀화. 1880년 이전에 출생해 1950년 이전에 사망한 것으로 추정된다. 사학자로서 헝가리 민족주의 연구서를 펴냈고 예술가 전기를 쓰는 등 문필가로서 명성을 떨쳤다. 화가 렘브란트, 대항해가 크리스토퍼 콜럼버스의 전기도 남겼고, 미술사 학술지와 문예지에 많은 글을 발표했다. 그는 일찍이 1923년에, 지금은 거의 구할 수 없는 『마티아스 코르빈 왕의 도서관』처럼 매우 선구적인 장서가를 다룬 기념비적인 역사서를 펴내기도 했다.

옮긴이 정진국

서울과 파리에서 공부하였다. 에밀 말의 『서양미술사』, 앙리 포시용의 『로마네스크와 고딕』, 빅토르 타피에의 『바로크와 고전주의』 등 프랑스 미술사가들의 저작과 존 리월드의 『인상주의』, 『후기인상주의의 역사』, 마테오 마랑고니의 『보기 배우기』, 드니 리우의 『현대미술이란 무엇인가』 등 수많은 미술사와 비평서를 번역했다. 서구 화가들의 애정관에 바탕한 미학을 파헤친 『사랑의 이미지』와, 농촌문화운동을 추적한 『유럽의 책마을을 가다』를 비롯한 저서들도 내놓았다. 현재는 서울과 파리를 오가며 사진으로 기록하고, 집필하며 번역하는 일에 종사하고 있다.

레오나르도 다 빈치의 방랑

초판인쇄 2008년 11월 26일
초판발행 2008년 12월 3일

지은이 앙드레 드 헤베시 | 옮긴이 정진국 | 펴낸이 강병선

편집인 강성민 | 편집장 이은혜 | 편집 신헌창
마케팅 장으뜸 방미연 정민호 신정민 | 제작 안정숙 차동현 김정후

펴낸곳 (주)문학동네 | 출판등록 1993년 10월 22일 제406-2003-000045호
임프린트 글항아리

주소 413-756 경기도 파주시 교하읍 문발리 파주출판도시 513-8
전자우편 bookpot@hanmail.net
전화번호 031-955-8888(관리부) 031-955-8898(편집부)
팩스 031-955-2557

ISBN 978-89-546-0717-9 03990

이 도서의 국립중앙도서관 출판시도서목록(CIP)은 e-CIP홈페이지(http://www.nl.go.kr/ecip)에서 이용하실 수 있습니다. (CIP제어번호 : CIP2008003435)